Norbert Golluch

WORTE
DER
KINDHEIT

AF196576

Norbert Golluch

Geh mal aus dem Internet, ich will telefonieren!

Am Samstag wird gebadet!

WORTE
DER
KINDHEIT

Von 1950 bis 2000

Hau doch den Hörer nicht so auf die Gabel!

Hast du die Videokassette zurückgespult?

riva

Bibliografische Information der Deutschen Nationalbibliothek:
Die Deutsche Nationalbibliothek verzeichnet diese Publikation in der Deutschen Natio-
nalbibliografie; detaillierte bibliografische Daten sind im Internet über http://d-nb.de ab-
rufbar.

Für Fragen und Anregungen:
info@rivaverlag.de

Originalausgabe
1. Auflage 2018
© 2018 by riva Verlag, ein Imprint der Münchner Verlagsgruppe GmbH
Nymphenburger Straße 86
D-80636 München
Tel.: 089 651285-0
Fax: 089 652096

Alle Rechte, insbesondere das Recht der Vervielfältigung und Verbreitung sowie der
Übersetzung, vorbehalten. Kein Teil des Werkes darf in irgendeiner Form (durch Fo-
tokopie, Mikrofilm oder ein anderes Verfahren) ohne schriftliche Genehmigung des
Verlages reproduziert oder unter Verwendung elektronischer Systeme gespeichert,
verarbeitet, vervielfältigt oder verbreitet werden.

Redaktion: Ulrike Reinen
Umschlaggestaltung: Manuela Amode, München
Umschlagabbildungen: Shutterstock.com: blackzheep; Curly Pat
Abbildungen im Innenteil: Shutterstock.com: Curly Pat; diluck; Elena Terletskaya;
Iconic Bestiary; Mix3r; oorka; Steinar
Layout: Manuela Amode, München
Satz: Carsten Klein, Torgau
Druck: CPI books GmbH, Leck
Printed in Germany

ISBN Print 978-3-7423-0667-8
ISBN E-Book (PDF) 978-3-7453-0247-9
ISBN E-Book (EPUB, Mobi) 978-3-7453-0248-6

Weitere Informationen zum Verlag finden Sie unter

www.rivaverlag.de
Beachten Sie auch unsere weiteren Verlage unter www.m-vg.de

Inhalt

Nachrichten aus der Sprachwolke

Jeder kennt sie – alltägliche Wörter oder auch Sätze, solche, die wir jeden Tag gebrauchen, die uns so selbstverständlich über die Lippen gehen, dass wir sie nicht einmal bewusst wahrnehmen. Sie verschmelzen mit dem Strom unseres Mitteilungsbedürfnisses und tun ihren Dienst – zuverlässig, problemlos und als Baumaterial unserer Sprache wie die Wassertropfen in einer Wolke, jeder einzelne mit etwas Größerem verschmolzen und dadurch unbemerkt.

Doch irgendwann stoßen wir in dieser Wolke aus Sprache, die uns eigentlich immer umgibt, auf Kondensationspunkte. Ein kleines Stück tritt klar hervor, wird zum Angelpunkt oder Widerhaken in unserer Wahrnehmung, beeindruckt uns als brillantes Funkeln oder verlockendes Leuchten. Ein einzelnes Wort fasziniert uns, eine kurze Formulierung fesselt unsere ganze Aufmerksamkeit, weil sie aus den vielen anderen hervorsticht – ungewöhnlich, nicht mehr gebräuchlich, irgendwie von gestern, aber aufgeladen mit Emotionen und letztlich etwas ganz Besonderes – ein Wort aus unserer Vergangenheit, eine Wegmarke auf der Straße unseres Lebens.

Wählscheibe! Hatte Opa nicht so ein glänzendes schwarzes Telefon mit einem durchlöcherten Rad, mit dem man eine Telefonnummer wählen konnte? Aber es ist nicht nur einfach das Telefon – der Duft nach den alten Möbeln im Wohnzimmer der Großeltern, das gedämpfte Licht durch die Gardinen, die Bonbons in der Dose auf dem kleinen runden Tisch mit der altmodischen Spitzendecke. Ein einfaches Wort, aber ein Stück Kindheit.

Bonanzarad! Die Überraschung, als es plötzlich dasteht, das Gefühl kindlicher Unabhängigkeit, und Mutters Satz »Fahr aber nur auf dem Bürgersteig!«, die wilden Bremsspuren und die zu engen Kurven und natürlich auch die aufgeschlagenen Knie. Die Frage »Darf ich auch mal fahren?« der anderen Kinder an den stolzen Besitzer, ihre Blicke zwischen Neid und Bewunderung.

Wir alle kennen diese ganz besonderen Wörter oder Sätze, die eine Explosion an Erinnerungen wachrufen, an denen lustige persönliche oder berufliche Erlebnisse haften. Sätze, die man vergessen hat, an die man sich aber immer weiter erinnern möchte, wenn sie erst einmal wiederentdeckt wurden und im Fokus der nun erwachsenen Wahrnehmung aufgetaucht sind. Dieses Buch enthält eine Sammlung davon, alltägliches Wortgeklingel der Vergangenheit, heute manchmal sprachliche Schätze. Viel Spaß bei einer Reise in deine eigene Vergangenheit und in die anderer Menschen, die auch einmal Kinder waren.

1950–1959

Die schweren 40er-Jahre lagen hinter deinen Eltern und der Zweite Weltkrieg war noch ein Teil der jüngeren Vergangenheit, als du auf die Welt kamst. Königin Elisabeth II. bestieg den Thron, die erste Wasserstoffbombe brachte eine neue Bedrohung in die Welt und das »Wunder von Bern« verhalf den Deutschen zur Fußballweltmeisterschaft. Im Fernsehen lief *Was bin ich?*, das heitere Beruferaten mit Robert Lembke, Rock-'n'-Roll-Star Elvis Presley und die Barbiepuppe kamen in die Bundesrepublik, der eine als Soldat der US-Army, die andere als Spielzeug ins Kinderzimmer. In der DDR regierte Walter Ulbricht. Wenn du Glück hattest, warst du Kind in einem Jahrzehnt des Wiederaufbaus und des Wirtschaftswunders zwischen den Ruinen der Vergangenheit und den Hoffnungen auf eine großartige Zukunft.

»Man leckt das Messer nicht ab!«

Manieren bei Tisch waren besonders in der Nachkriegszeit wichtig. Vieles war noch alles andere als normal, da sollte wenigstens bei der familiären Mahlzeit Ordnung herrschen. Tischmanieren, so sagte man sich, sind für das ganze Leben wichtig. Wer als Bewerber für einen Arbeitsplatz beim Essen mit dem Personalchef Senf auf die Krawatte kleckert oder die Suppe aus dem Teller schlürft, hat schlechte Karten. Vielleicht war das gemeinsame Essen der Familie auch deshalb so mit Merksätzen zugepflastert, die sich den Kindern fürs Leben einprägen sollten. Das klappte tatsächlich, denn sie wurden endlos wiederholt. Manche davon hatten ursprünglich auch einen Sinn: **»Kartoffeln schneidet man nicht**

mit dem Messer!« war so lange eine wichtige Regel, wie die Tafel-
messer aus weichem Eisenmetall bestanden, das beim Kontakt mit
Kartoffeln oxidierte und dunkel anlief. Edelstahlmesser machten
diese Regel überflüssig – dennoch blieb sie lange Zeit erhalten. Anderes bleibt zeitlos gültig: Das Messer leckt man nicht etwa deshalb
nicht ab, weil man sich in die Zunge schneiden könnte – es sieht
einfach eklig aus. Ähnliche Kampfansagen an das schlechte Be-
nehmen: »**Man isst nicht mit den Fingern!**« Von gewissen Aus-
nahmen einmal abgesehen, gehört der direkte Zugriff auf die Nah-
rung eher in Urwald und Steppe als an den gedeckten Tisch. »**Mit
vollem Mund spricht man nicht**!« Empf hömpft söch eimmpfach
ummöphlich am.

Manche Regeln sind auch komplexer und deshalb kennt sie nicht
jedes Kind, weil sie nur in der großbürgerlichen Familie beachtet
wurden: »**Führe nicht den Kopf zum Essen, sondern das Essen
zum Kopf.**« Wie gesagt, man schlürft die Suppe nicht aus dem Teller. Mehr aus dem alltäglichen Bereich scheint der folgende Satz zu
stammen: »**Es wird gegessen, was auf den Tisch kommt!**« Nein,
Mutti mochte es nie, wenn man sich über ihre Kochkünste beklagte, zumal in diesen kargen Zeiten oft nur die Auswahl zwischen
Spinat und Grünkohl zur Verfügung stand. Über das angebotene
Gericht zu maulen ist aber auch in unseren Tagen ungünstig, wenn
du dich um die Stelle des Oberbezirkshanswurst beim Fachverband
Hotel und Luxus bewerben willst. Ein Mal »Igitt, Austern!« und du
bist draußen. Auch Sushi findest du eklig, bäh, roher Fisch? Kein
Platz für dich in unserer Werbeagentur! Es wird gegessen, was auf
den Tisch kommt!

 »Dich haben sie ja wohl mit dem Klammerbeutel gepudert!«

Ältere Menschen erinnern sich mit verklärtem Lächeln an das Geschehen in ihrer Kindheit. Jüngere fragen: Hä? Was bitte ist denn ein Klammerbeutel? Und wieso kann man jemanden damit pudern? Fragen der jüngeren Generation, die zu beantworten nicht ganz einfach ist. Ein Klammerbeutel oder -sack enthält nicht etwa Sonderzeichen, sondern Wäscheklammern. Früher pflegte man Wäsche auf der Leine zu trocknen (nicht im Trockner). Da dies manchmal draußen – zum besseren Verständnis *outdoor* – geschah, bestand die Gefahr, dass der Wind die Wäschestücke von der Leine wehte und so nicht nur die ganze Arbeit des Waschens zunichtemachte, sondern auch die gesamte Nachbarschaft mit interessanten Informationen zum Beispiel über deine Unterwäsche oder den Zersetzungsgrad deiner Socken versorgte. Um dies zu verhindern, hatte man in der Vergangenheit einfache mechanische Hilfsmittel erfunden, um Wäschestücke an der Leine zu fixieren: Wäscheklammern eben. Diese wurden in einem textilen Sack aufbewahrt, der einem anderen solchen, der ebenfalls in einer jungen Familie Verwendung fand, nicht unähnlich sah: dem kleinen Beutel, in dem sich Babypuder befand. Hatte man das Baby von seinen Hinterlassenschaften gereinigt, wurde es zur Hautpflege gepudert – klopf-klopf, mit dem Säckchen, durch dessen Poren das feine Puder drang. Und wenn man dabei versehentlich nicht das mit dem Puder, sondern das mit ... na, gerafft? ... Klammern erwischte, konnte es geschehen, dass das geliebte Kleinkind deutlichen Schaden nahm. So zumindest in der Vorstellung, denn dass ein Kind, auf das man mit Wäscheklammern klopft, wirklich ernsthaften geistigen Schaden nimmt, ist zu bezweifeln. Schlimmstenfalls gibt es blaue Flecken. Dennoch steht der obige Satz quasi als Redewendung für die Unterstellung, jemand sei nicht ganz da – bei voller geistiger Gesundheit. Wenn dir allerdings diese Geschichte zu weit hergeholt erscheint (wie dem Autor gerade auch, wenn er recht darüber nachdenkt), wäre da noch die alternative Formulierung: **»Dich haben sie wohl zu heiß gebadet!«** Und dieser Satz muss wohl gar nicht erklärt werden.

»Ich zieh dir den Hosenboden stramm!«

Körperliche Strafen waren für Kinder jener Tage nichts Besonderes. Eltern meinten ihren erzieherischen Bemühungen mit Ohrfeigen, der Hand auf dem Hinterteil, aber auch mit Kochlöffel und Teppichklopfer Nachdruck verleihen zu müssen. Mancher besonders gewalttätige Vater nutzte auch seinen Ledergürtel zu diesem Zweck. Dabei wurde oft systematisch bestraft, nicht nur mit einer spontanen kleinen Ohrfeige oder Kopfnuss, sondern regelrecht vorbereitet in Form eines familiären Strafrituals. Dazu gehörte es, den Stoff der Bekleidung über dem Hinterteil glattzuziehen – kein Faltenwurf sollte die Wucht der Schläge abmildern. Heute würde man vielfach Kindesmisshandlung nennen, was damals ablief, denn die geprügelten Kinder schleppten diesen schmerzhaften Ausdruck elterlicher Verachtung oft durch ihr ganzes Leben. Ein schlagender Vater, eine ohrfeigende Mutter waren für viele die Ursache für ihre persönliche Unsicherheit, einen allgemeinen Vertrauensschwund gegenüber der Welt, für mangelndes Selbstbewusstsein oder sogar Depressionen. Wer mit Trotz reagierte, konnte von Glück sagen.

Prügel? Pah, ihr könnt mich mal! Ausgesprochen wurde dieser Satz
jedoch nie.

 ## »Wir treffen uns an der Bude!«

Onlineverabredungen lagen noch in weiter Ferne, meist machte
man ein Treffen mit Freunden für den Nachmittag auf dem Heim-
weg von der Schule ab. Die »Bude« war ein beliebter Treffpunkt,
weil Kinder in den frühen 50er-Jahren auf Trümmergrundstücken
alles fanden, was sie benötigten, um sich irgendwo einen abenteu-
erlichen Unterschlupf zu bauen und darin zu spielen. Andere trafen
sich zum Turnen an der Teppichstange auf dem Hof oder irgendwo
auf dem Gelände einer aufgelassenen Fabrik, wenn sie ein Loch in
Mauer oder Zaun entdeckt hatten. So wurden großartige Nachmittage programmiert: Erlebnisqualität überragend, Freiheitsgefühl
kaum zu beschreiben.

 ## »Fall nicht rein!«

Wo hinein? In das Plumpsklo natürlich – darüber ließen sich ganze
Romane schreiben. Noch sehr viele Menschen mussten sich damals
mit dieser urtümlichen Form der Fäkalienentsorgung behelfen, das
Plumpsklo befand sich auf dem Bauernhof praktischerweise gleich
neben dem Misthaufen. Bei uns lag der Fall anders – entschuldige,
lieber Leser, wenn ich hier in sehr persönlicher Form über eigene

Erfahrungen berichte, denn schließlich geht es ja um ein geradezu intimes Problem. Wenn also ein gewisser Junge im Alter von fast sechs Jahren ein menschliches Drängen verspürte, so folgte er den Spuren seiner Väter, die schon vor ihm diesen Weg gegangen waren, hinaus aus der Wohnung in der backsteinroten Arbeitersiedlung in der Margarethenstraße, hinüber über den Platz zwischen zwei Wohnblöcken, hinein in einen winzigen Verschlag, verschlossen durch eine fahlgrüne Tür aus verwitterten Brettern. Dieser Weg endete stets mit einer Drehung um 180 Grad, mit dem Fallenlassen der Hosen, dem Öffnen eines kreisrunden Lochs durch Entfernung eines ebenso kreisrunden Deckels aus Holz, welches genau so groß und exakt so platziert war, dass ein nun nackter Kinderpopo es nahezu hermetisch verschloss, sobald man sich setzte. Die Gefahr hineinzufallen bestand also nicht. Umschlungen von Duftwolken aus der Tiefe, in deren Aroma sich – trotz der regelmäßigen Leerung der Fäkaliengrube alle paar Monate – vermutlich auch noch Duftkomponenten seiner Ahnen und Urahnen mischten, ließ nun der Knabe erleichtert unter sich fallen, was sein Körper nicht mehr benötigte. Es konnte sein, dass im selben Augenblick in dem ebenso dimensionierten zweiten Verschlag neben dem beschriebenen jemand anderes exakt derselben Tätigkeit nachging oder auch gegenüber auf der anderen Seite des Hofes, wo genau von Angesicht zu Angesicht zwei weitere derartige Örtlichkeiten des Nachbarhauses zur Linken die des anderen Wohnblocks anblickten.

Nun hätte man meinen sollen, dass der Besucher eines solchen Ortes nichts eiliger zu tun gehabt hätte, als diesen vorzeitlichen Lokus voller untergründiger Gärung und unkontrollierbarer organischer Reifung schnell wieder zu verlassen. Doch vom rätselhaften Zauber des Ortes umfangen, ja eingehüllt von anheimelnden, weil durchaus auch familiären Aromen, vertiefte sich mancher in Gedanken, verstieg sich in die Welt seiner Helden und Abenteurer oder genoss die Lektüre von zurechtgeschnittenen Zeitungsfragmenten, die sorgfältig vorbereitet für hintersinnige Zwecke an einem zurechtgebogenen Draht seitlich an der Wand hingen – des einzigen Ortes übrigens, an dem Kinder freiwillig Zeitung lasen. Man erhielt so die Fantasie anregende Informationen wie »Schwerer Unfall in der Ley...« oder »Adenauer: Der eiserne Vo ...«, erfuhr aber nicht, ob es die Leyendeckerstraße gewesen war und auch nicht, ob es dem Bundeskanzler nun um einen eisernen Vogel oder Vorgartenzaun ging, weil eine fürsorgliche Schere genau dort das Zeitungspapier durchtrennt hatte, wo die Lösung gestanden hätte. Wenn man Glück hatte, fand sich das passende Puzzlestück im restlichen Papierformat. Auch rätselte man bei durchtrennten Todesanzeigen, wer denn nun gestorben sei, oder fragte sich bei Annoncen, zu welchem Preis die angebotenen Seifenflocken wohl zu haben seien, obwohl Seifenflocken sonst nicht zum Hauptinteresse im kindlichen Gedankenuniversum gehörten. Bis in die 80er-Jahre reinigten sich übrigens viele Menschen auf diese Weise gedanklich und hinterrücks mit nicht mehr benötigten Presseprodukten. Parallel entwickelte sich allerdings auch eine Klopapierkultur, von der harten, einfachen Rolle über das weichere Tissuepapier bis zum mehrlagigen oder sogar feuchten und parfümierten Superpapier von heute, das allerdings ohne jeden Informationswert ist. Vermutlich ist aber bald mit einer Erweiterung des Internets der Dinge und somit einem Onlinezugang auch an dieser Stelle zu rechnen.

 ## »Und heute Abend gibt es Toast Hawaii!«

In manchen Haushalten ist dieser Satz auch heute noch zu hören, aber erstmals kam er einer treu sorgenden Mutter Mitte der 50er-Jahre über die Lippen. Vorher gab es nämlich keinen Toast Hawaii. Erfunden hat das kulinarische Meisterwerk nach eigenen Angaben der Fernsehkoch Clemens Wilmenrod, der seine Täterschaft auch vor laufender Kamera zugab. Das simple Rezept – eine Scheibe Toast, darauf Käse, roher Schinken oder Kochschinken, Ananas und Cocktailkirsche – könnte aber auch von seinem Konkurrenten und Lehrer Hans Karl Adam stammen. Toast Hawaii traf auch wohl deshalb den Nerv der Zeit, weil die für damals ungewöhnliche Kombination von Lebensmitteln etwas Verschwenderisches und Exotisches hatte. Für manchen älteren Mitbürger duftet es dabei auch heute noch nach Kindheit und festlicher Familie.

 ## »Wenn ihr nicht brav seid, kommt der Buhmann!«

Schon das Wort kann Kindern Angst einjagen, und was haben wir uns alles vorgestellt, wenn uns wieder mal mit dem Buhmann gedroht wurde! Nichts ist schlimmer als die Schreckensgestalten der eigenen Fantasie, beflügelt von uralten Ängsten, und so nutzten Eltern, Großeltern und Kindermädchen in vergangenen Jahrzehnten und Jahrhunderten die Drohung mit dem schwarzen Mann exzessiv – die Farbe Schwarz wird übereinstimmend in fast allen Schilderungen genannt. Was Kinder damals vom Buhmann zu erwarten hatten? Es wurde gedroht, er würde sie holen und mitnehmen oder schlimmer noch: auffressen. Zu unterscheiden ist dabei, wie die Drohung mit der Schreckensfigur genutzt wurde. In mancher Familie war der Buhmann die finstere Hauptfigur in angenehm gruseligen Gute-Nacht-Geschichten, die mit einem Augenzwinkern vorgetragen wurden. Andere Eltern nutzten allerdings die kindliche Beunruhigung ziemlich rücksichtslos, um die Sprösslinge bequem disziplinieren zu können. Heute bevölkern Trolle, Geister, Vampire, Gespenster, Hexen und Untote die kindliche Fantasiewelt wie nie zuvor – da würde sogar der Buhmann Angst bekommen, wenn er eine Zeitreise aus der Vergangenheit unternehmen könnte.

 ## »Halt mal meine Brille!«

Diesen Satz der frühen Kindheit kennen nur Brillenträger – oder eben diejenigen, welche die Brille gehalten haben. Man übergab seine Sehhilfe an einen Freund und Sekundanten, wenn man beabsichtigte, sich zu prügeln. Dann ging es zur Sache, und zwar mit bloßen Händen. Umringt vom Publikum wurde geboxt und gerungen, nicht aber getreten, und wenn der eine Kämpfer auf dem Rücken lag, hatte der andere gesiegt. Der Unterlegene bestätigte dessen Sieg mit dem Satz »Ich gebe auf!«. Ernsthafte Verletzungen gab es nur selten, bis auf ein paar blaue Flecken und Kratzer, die dazugehörten und wohl auch dabei halfen, seine eigene Stärke einzuschätzen. Nachdem der Konflikt ausgetragen und damit auch die Rangfolge in der Gruppe geklärt war, konnte man die Brille wieder aufsetzen und zum Alltag übergehen. Letztlich handelte es sich um eine hoch entwickelte Form von Streitkultur – ganz ohne Streitschlichter und Schulpsychologen.

Die Angelegenheit konnte natürlich auch einen anderen Verlauf nehmen. Wenn einem der beiden potenziellen Kämpfer der Mut fehlte, so suchte er die Konfrontation zu verhindern, indem er mit einer, wie er glaubte, beeindruckenden Drohung argumentierte: **»Mein großer Bruder ist bei der Polizei!«** Was sein Gegenüber nur selten beeindruckte, woraufhin der verhinderte Kämpfer die Flucht ergriff. Dafür handelte er sich dann in dieser klassischen Tragödie den vielstimmigen Ausruf des Chores ein: **»Feigling, Feigling!«**

 # »Krieg ich deine Haut?«

Keine Angst, es ging nicht um Kannibalismus. Vielmehr verständigten sich Familienmitglieder in diesen Tagen häufiger über die knusprige Haut eines gegrillten Hähnchens, welche der eine mochte, der andere nicht. Im Jahrzehnt zwischen 1950 und 1960 stieg der durchschnittliche Fleischverzehr pro Kopf von etwa 37 auf 60 Kilo pro Jahr – nicht unschuldig daran war genau dieses halbe Hähnchen, das später über Jahrzehnte das Lieblingstier aller Deutschen in West und Ost sein sollte, dort allerdings als Broiler. Passend zum Appetit der Bundesbürger eröffnete Friedrich Jahn 1955 die ersten *Wienerwald*-Filialen in München und Stuttgart. Ob aus dem heimischen Backofen oder vom rollenden Hähnchenstand oder aus dem Lokal der Jahn-Kette: Es war jedes Mal ein Festessen, wenn es Hähnchen gab. Leider verhält es sich hier wie auch in anderen Dingen: Das erste Mal ist immer das beste.

»Du Schlafmütze!«

Es war ein schönes Gefühl, wenn dich Mutter oder Vater morgens weckten, du nicht so richtig aufwachen wolltest oder konntest, und von irgendwoher reichten die Worte »Du Schlafmütze!« bis in deine Träume. Schlafmützen sind ein Beispiel dafür, dass Gegenstände nur in der Sprache überleben, denn tatsächlich benutzt wurden sie auch in deiner Kindheit nicht mehr. Schlafmütze und Schlafrock waren die Kleidungsstücke der Vergangenheit, die man für die Übernachtung in einem ungeheizten Schlafzimmer dringend brauchte. Den wärmenden Schlafrock legte man ab, wenn man unter die Kissen kroch, die Schlafmütze blieb auf dem Kopf, denn es wehten eisige Winde in den Schlafzimmern jener Tage. Nötig oder nicht – die Schläfer sahen schon irgendwie ziemlich bedeppert aus mit ihrer Zipfelmütze, und darauf spielen die beiden Worte heute noch an. Man könnte auch sagen: »Hach, was siehst du niedlich aus, wenn du so verschlafen bist!«

»... 166, 167, 168, 169 ...«

Es gab zwei Anlässe, bei denen in dieser Weise gezählt wurde: **Federball** und **Hula-Hoop**. Beim Federball ging es darum, den leichten Ball möglichst oft zwischen zwei Spielern hin und her zu bewegen, ohne dass er den Boden berührte. Erfahrene Spieler zählten bis in den dreistelligen Bereich, ja, es soll sogar vierstellige Champions gegeben haben. Das alles geschah auf der Straße vor dem Haus, und wenn einmal eines der wenigen Autos die Straße befahren wollte, wichen die Spieler, kunstvoll die Flugbahn des Balles korrigierend und ihn somit mit sich führend, auf den Bürgersteig aus. Oft konnte im Sommer erst die hereinbrechende Dunkelheit die Akteure von weiteren Rekordversuchen abhalten.

Beim frisch aus den Vereinigten Staaten importierten Hula-Hoop mühten sich Kinder und Erwachsene, einen Plastikreifen – oder gleich mehrere – möglichst häufig um den Körper, meist um die Hüften, kreisen zu lassen. Das konnte ausgesprochen erheiternd wirken, aber auch exotisches Flair heraufbeschwören. Schließlich wurde der Name des Sportgerätes vom hawaiianischen *Hula* (Tanz) und dem englischen *hoop* (Fassreifen) hergeleitet. Experten und selbst Profis führten ihre Künste sogar auf Showbühnen vor. Zwar galt diese Freizeitbeschäftigung als sportlich und gesund, jedoch mussten die Orthopäden jener Tage eine gewisse Zunahme an Bandscheibenvorfällen feststellen.

 »Du Tunichtgut ...«

Etwas aus der Mode gekommen ist die Bezeichnung für ein Kind, das sich aufsässig und gegen alle erzieherischen Bemühungen der Eltern unerwünscht verhält. Dabei ist das Wort Tunichtgut so wunderbar bezeichnend und moralisierend zugleich. Wer damit bedacht wurde, verfiel quasi automatisch in die Rolle des schuldbewussten Straftäters, und Eltern heute können von einem derartigen Effekt ihrer Erziehungsmaßnahmen nur träumen.

 ## »Hokuspokus Fidibus!«

Als Teil eines Zauberspruchs in Märchen hat der Fidibus lange Jahre, Jahrzehnte, ja Jahrhunderte überlebt, ohne dass irgendwer aus den jüngeren Generationen noch weiß, worum es sich bei einem Fidibus eigentlich handelt. Das Wort bezeichnet laut Lexikon einen »harzreichen Holzspan oder einen gefalteten Papierstreifen, der zum Anzünden von Feuer dient«. Menschen, die in den 50er-Jahren Kinder waren, haben einen Fidibus aber noch selbst benutzt, zum Beispiel zum Anzünden des Kohleofens in der Küche am Morgen. Hergestellt wurden die Zündhilfen meist aus Zeitungspapier, und so löst das Wort heute noch eingebildete Geruchserlebnisse und Bilder von nostalgischer Romantik aus: ein zitternder Mensch auf Latschen und im Schlafanzug, vielleicht mit einer Pudelmütze auf dem Kopf, müht sich mit einem qualmenden Fidibus in der Hand, den Herd anzuzünden, was glücklicherweise nach einer gewissen Anzahl von Fehlversuchen auch gelingt.

Eine andere Frage bleibt allerdings gänzlich ungeklärt: wie der Fidibus in den pseudolateinischen Zauberspruch geraten ist. Das soll im 17. Jahrhundert geschehen sein, aber niemand weiß, was die magischen Worte bedeuten.

 # »Bring den Ascheneimer runter!«

Ein weiteres Hilfsmittel der häuslichen fossilen Verbrennung war der Ascheneimer aus Metall, in den die Asche des Kohleherdes in der Küche mit einer kleinen Schaufel gefüllt wurde. Wenn er voll war, musste er nach draußen getragen und in die Mülltonnen entleert werden, ein außerordentlich staubendes Geschäft, wenn man sich ein wenig ungeschickt anstellte, und das taten wir Kinder ziemlich häufig. Oder die Asche wanderte als Mineraldünger auf den Komposthaufen im Garten. Aber das war damals nur begrenzt möglich, denn Asche gab es mehr, als ein gewöhnlicher Garten sinnvoll nutzen konnte. Obwohl sich die Bezeichnung Ascheneimer für einen Abfallbehälter bis heute erhalten hat, wurde der ursprüngliche Ascheneimer nicht für gemischten Müll benutzt. Wenn man nämlich brennbare Abfälle in den Ascheneimer warf und diese später mit Asche aus dem Herd mischte, die immer noch kleine Glutnester enthielt, entstanden auch noch Stunden später im Eimer Brände.

 # »Am Samstag wird gebadet!«

Der Samstag als Badetag war der immer wiederkehrende Termin für ein familiäres Ritual. Warmes Badewasser kam nicht einfach so aus dem Wasserhahn, sondern musste zuerst beschafft werden. Oft war die Quelle der Herd in der Küche, auf dem Wasser in Kesseln und Töpfen erhitzt wurde. Mancherorts allerdings gab es auch

schon einen Badeofen neben der Wanne. Die Wanne – ein Bade-
zimmer mit einer fest eingebauten Wanne – war keine Selbstver-
ständlichkeit, in vielen Haushalten musste noch eigens eine Zink-
wanne aus dem Keller oder einem Schuppen geholt werden, wenn
die Familie baden wollte, und diese wurde oft noch in der Küche
aufgestellt, weil in einer winzigen Toilette kein Platz dafür war.
Die Familienmitglieder badeten nacheinander, die Kinder häufig
auch zusammen in einer Wanne, und sie nutzten dieses lustige Ereignis für jede Menge Unsinn. Die Seife zum Beispiel – ein wunderbar flutschiges Spielzeug. Ja, alle badeten in ein und demselben
Badewasser. Nein, das Wasser wurde nicht gewechselt. Dennoch
fühlten sich nach dem Baden alle erfrischt und gesäubert und bereit für den kommenden Sonntag – da wirkte wohl weniger die
säubernde Kraft des Wassers als die psychisch reinigende Wirkung
des Baderituals.

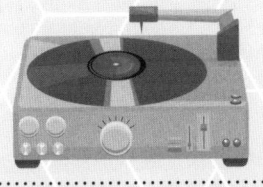

1960–1969

Du warst ein Glückskind, denn du verbrachtest deine Kindheit in Zeiten neuen Wohlstands und des Friedens. Das Gespenst eines Krieges, das deine Eltern vielleicht noch schreckte, erreichte dich zu Beginn deines Lebens nicht mehr. Große Dinge geschahen: Hitchcocks *Psycho* kam ins Kino, die Beatles traten in Hamburg auf, das DDR-Regime baute eine Mauer durch Berlin, in den USA wurde John F. Kennedy erschossen und Neil Armstrong betrat den Mond. Ein großer Konflikt überschattete deine Welt der ersten Jahre, denn die Erwachsenen spielten Kalter Krieg, während du im Sandkasten Burgen bautest.

 ## »Oma, hast du Himbeersaft?«

Mit Speck fängt man Mäuse und mit Himbeersaft gelang es Eltern und Großeltern in diesen Tagen, zugleich den Durst von Kindern zu löschen und ihnen ein nicht alltägliches Geschmackserlebnis zu ermöglichen. Himbeersaft war und ist ein Zuträger, eingedickter Sirup, den man mit mehr oder weniger Wasser zu einem Getränk auffüllen kann. Erwachsene waren für viel, Kinder hingegen für ziemlich wenig Wasser – dann schmeckte es süßer. Wenn die Kinder erhitzt und nass geschwitzt vom Toben aus dem Garten in die Küche rannten und durstig das Himbeersaftgetränk hinunterstürzten, das zu mindestens 90 Prozent aus Leitungswasser bestand, war der folgende Merksatz vergessen:

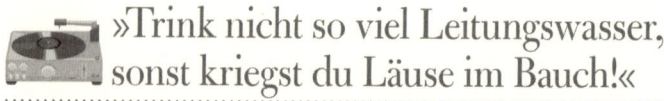

»Trink nicht so viel Leitungswasser, sonst kriegst du Läuse im Bauch!«

Auch in Zeiten von Coca-Cola und Limonade blieb den Kindern der kommenden Jahre und Jahrzehnte dieser Spruch erhalten, seinen Ursprung hat er aber vermutlich in den hygienischen Verhältnissen vergangener Tage. Damals – vor der Erfindung des Kühlschranks und der allgemeinen Verfügbarkeit von Erfrischungsgetränken – tranken spielende Kinder einfach aus dem Wasserhahn (Kranwasser genannt) oder pumpten sich, zum Beispiel auf einem Bauernhof, einfach Wasser aus dem örtlichen Brunnen hoch. Ganz und gar frei von Mikroorganismen war das Wasser aus diesen Quellen vermutlich nicht, und so mahnten Eltern mit diesem Spruch eigentlich vor Bakterien und anderen Kleinstlebewesen, die sie sich so ähnlich wie Läuse vorstellten. Geholfen hat der Spruch nur selten – dazu war der Durst einfach zu groß.

»Ist das 'ne Wuchtbrumme!«

Nein, das war kein Wort aus dem Vokabular der kleineren Kinder, eher hörte man es aus dem Mund des großen Bruders, der sich gerade als **Halbstarker** versuchte. Plötzlich waren Mädchen nur noch **Ischen**, seine Freundin, die Schönste von allen, nannte er **steiler Zahn**, und die männliche Konkurrenz, das waren alles **halbe Hemden**. Halbstarke hießen die jungen Männer, die ihre Haare mit Frisiercreme zu einer Tolle stylten oder einen Bürstenhaarschnitt bevorzugten, den sie *Bürste*, *Blocker* oder *Korea-*

peitsche nannten. Sie trugen Bluejeans, von den Erwachsenen als *Nietenhosen* bezeichnet, und sie sprachen sich gegenseitig mit »Na, Macker?« an. Mädchen, die sie besonders beeindruckten, bezeichneten sie als **Wuchtbrumme** – damals eine bewundernde Bezeichnung, die im Laufe der Jahrzehnte ihren Sinn gewandelt hat und heute abwertend für eine korpulente Frau in Gebrauch ist. Sie versteckten ihre Unsicherheit – die meisten hatten, was das andere Geschlecht betrifft, von nichts eine Ahnung – hinter coolen Sprüchen. Ein weibliches Wesen im Bikini veranstaltete dementsprechend eine **Drüsenschau**, bei einem blanken Busen wären sie vermutlich stotternd und mit hochrotem Kopf kollabiert. Das Outfit des durchschnittlichen Halbstarken vervollständigten Lederjacken und karierte Hemden, eine Bekleidung, die sie deutlich von den übrigen, spießig in Anzüge verpackten Jugendlichen unterschied. Als Fortbewegungsmittel dienten meist Zweiräder, wobei die meisten es nur zu einem aufgemotzten 50-Kubikzentimeter-Moped der Marke Kreidler oder Zündapp brachten, Fuchsschwänze am Lenker oder an einer Stange am Rücksitz inklusive. Motorräder waren für die wenigsten erschwinglich. Hin und wieder machten sie sich Opas alte NSU Max oder BMW 250 aus der Scheune flott. Weil es keine anderen Möglichkeiten für sie gab, trafen sie sich draußen an Straßenecken, in Parks, auf öffentlichen Plätzen oder bei Kirmesveranstaltungen oder erschreckten als motorisierte Banden brave Bürger. Immer war Alkohol im Spiel, auf Rock-'n'-Roll-Konzerten wurde die Saaleinrichtung demoliert und sich geprügelt, der wilde Musikstil funktionierte mit seinen aufsässigen Rhythmen als Ventil für die unterdrückten Gefühle der Jugendlichen, welche die Erwachsenenwelt in Verhaltensnormen einschnürte. Besonders die *Bild*-Zeitung berichtete gern und sensationsheischend über die Exzesse der »verdorbenen« Halbstarken. Das waren schon tolle Jahre!

 »Hast du Hasenbrote?«

Wenn Vater von der Arbeit nach Hause kam und noch belegte Brote übrig hatte und wieder mitbrachte, hießen diese Hasenbrote oder mancherorts mundartlich *Hasenbütterkes* – die Kinder freuten sich sehr darüber und konnten sie nicht schnell genug aus der verbeulten Blechdose holen, in der Vater immer seinen Proviant transportierte. Hasenbrote sind also belegte Brotscheiben, die schon einmal auf der Arbeit waren oder im Fall unserer Familie sogar unter Tage: Mancher Vater, der sich während seiner Acht-Stunden-Schicht auch wegen der Hitze im Stollen lieber flüssig ernährte, brachte sie seinen Kindern wieder mit nach Hause, wo sie mit großer Begeisterung gegessen wurden. Wenn du dich erinnerst: Sie hatten einen ganz besonderen Geschmack. Aber warum hießen sie Hasenbrote? Nein, sie waren nicht mit Hasenwurst belegt. Ihren Namen erhielten sie vielleicht, weil altes, für Menschen nicht mehr sonderlich schmackhaftes Brot an die Hasen, sprich: an die Kaninchen im Stall verfüttert wurde – wenn nicht wir Kinder es den armen Tieren wegaßen.

In diesem Zusammenhang gibt es ein weiteres vergessenes Wort, das sofort Erinnerungen weckt, wenn es Teil deiner Kindheit war: **Henkelmann**, ein mit Deckel verschließbares, manchmal emailliertes Blechgefäß für warmes Essen. Oft hatte der Deckel sogar eine Gummidichtung. Seinen Namen bekam es von dem Trage-griff, dem Henkel, den man seitlich herunterklappen konnte. Damit es bei der Arbeit etwas Warmes zu essen gab, wurde der Henkelmann geöffnet und sein Inhalt in der Kantine im Wasser-bad erwärmt. Lag zwischen Wohnung und Arbeitsplatz keine all-zu große Strecke, so brachten die Frauen den Arbeitern das noch warme Mittagessen im Henkelmann in die Zeche oder die Firma, meist jedoch nahm Vater ihn morgens am Lenker seines Fahrrades hängend zur Arbeit mit. Und in diesem Zusammenhang konntest du als Kind noch einen weiteren, immer wieder gebrauchten Satz hören: **»Verflixt, wo sind denn schon wieder die Hosenklam-mern!«** Hosenklammern? Nein, es ging nicht darum, die Folgen von Ernährungsfehlern nach unten hin zu begrenzen, wie man den-ken könnte. Diese Klammern sollten verhindern, dass die Hosen-beine des Radfahrers mit der öligen Kette in Kontakt kamen. Sie wurden aufgesteckt und hielten das Hosenbein zusammen.

»Papa ist beim Frühschoppen!«

Nein, nicht *Frühshoppen*, denn das ist eine vorwiegend weibliche Domäne und bezeichnet eine Konsumveranstaltung, bei der bereits in den frühen Morgenstunden die Kreditkarten bis aufs Äußerste strapaziert werden. Der Frühschoppen wurde meist von männlicher Seite praktiziert und ist laut dem PONS Großwörterbuch »eine Zu-sammenkunft (in einer Gaststätte) am Vormittag, bei der Alkohol getrunken wird«. Man muss eigentlich sagen *wurde*, denn Männer jüngerer Generation sitzen am Sonntagmorgen eher vor dem Spielcomputer oder verfolgen lebenswichtige Sportveranstaltungen im Privatfernsehen. Oder – der positive Fall – sie unternehmen etwas mit der Familie. Früher hingegen zog es die Väter gleich nach dem Frühstück in den Sonntagsanzug und dann magisch in die Kneipe, wo sie sich mit Freunden auf »ein, zwei Bier« oder einen Schoppen Wein trafen – daher der Name Früh*schoppen*. Der Schoppen ist ein regional unterschiedlich großes Hohlmaß, etwa zwischen einem drittel und einem halben Liter. Man(n) spielte Skat oder diskutierte am Stammtisch die Weltlage. Theoretisch hatten sie von ihren Ehegattinnen Freigang bis zum Mittagessen, einem Termin, den sie aber meist aus dem Auge verloren, weil sie a) den aufkommenden Hunger durch Frikadellen aus der Produktion des Gastwirts sehr effektiv unterdrückten und b) vom Alkohol umnebelt nicht mehr auf die Uhr schauten. Ich weiß nicht, wie diese Situation in anderen Familien bewältigt wurde, vermutlich aber ähnlich wie bei uns: Meine Mutter schickte mich sozusagen als Boten des Sonntagsbratens in die Kneipe, um Vater an seine familiären Pflichten zu erinnern und heimzuholen. Allerdings gelang das nicht immer reibungslos, denn auch der Bote geriet in die Fänge der Verlockungen des überaus gastlichen Ortes: Mit einem Glas Zitronenlimonade geködert und mit ein paar Groschen am verbotenen Glückspielautomaten beschäftigt, konnte es sein, dass Vater und Sohn dem sonntäglichen Lotterleben verfielen und erst am frühen Nachmittag den Weg nach Hause schafften – der Sohn relativ geradlinig, der Vater mit der Krawatte auf Halbmast, in leichten Schlangenlinien und manchmal auch unter Absingen fragwürdigen Liedgutes … Ach, war das schön, damals ein Kind zu sein!

»Gehst du mit zum Bombentrichter?«

So eine Frage stellte ein Achtjähriger in den 60er-Jahren einem seiner Freunde, und er hielt dabei einen Stock mit einem Stück Angelschnur oder einfach nur Bindfaden daran in der Hand. Die immer noch vorhandenen Überreste des Zweiten Weltkriegs wurden zum Abenteuerspielplatz der Kinder dieser Zeit. Habt ihr auch noch einfach so draußen gespielt? Ohne Aufsicht durch die Eltern, ohne erzieherisch wertvolle Termine – es waren einfach nur riesige freie Nachmittage mit endlos viel Zeit für großartige Unternehmungen. In den frühen 60er-Jahren ging das noch, jedenfalls in den Wohnvierteln der Leute, die man heute zu den prekären Bevölkerungsgruppen zählen würde. Platz für Expeditionen und Abenteuer gab es genug, in den Städten waren dies noch lange Zeit Trümmergrundstücke mit vom Krieg zerstörten Häusern oder einfach mit Schuttbergen darauf, auf denen wir wunderbar spielen konnten. Manchmal gab's dort Bombentrichter – richtig, Explosionstrichter von den Bomben des Weltkrieges, die mit Wasser vollgelaufen waren, und man konnte darin Stichlinge und andere kleine Fische, Kaulquappen und sogar Molche fangen, die – weiß der Himmel wie – dort hineingeraten waren. Wir Kinder im Ruhrgebiet spielten auch auf den Abraumhalden der Kohlenzechen, auf denen meist ein ziemlich wilder Birkenwald wuchs – der Dschungel einer Kindheit. Dort gab es prachtvolle Laufkäfer und Distelfalter; wir machten kleine Lagerfeuer und gingen mit der selbst gebauten Zwille oder Pfeil und Bogen in der Hand auf Jagd nach Kaninchen, erwischten aber glücklicherweise nie eines. Besonders Mutige fuhren ein Stück mit der Zechenbahn – sie sprangen mühelos auf die langsam fahrenden Züge voller Kohle und wieder herunter. Ein anderer, ganz besonderer Spaß: Man wagte dort, wo Abraum für die Nutzung auf Baustellen abgebaggert wurde, mutige Sprünge von der hohen Kante hinab in die weiche rote Asche. Entsprechend kam man abends nach Hause – eine durchgeschwitzte kleine Rothaut. Für die Rückkehr nach Hause gab es in diesen Tagen eine klare Ansage:

 »Du kommst nach Hause, wenn es dunkel wird!«

Die kindliche Antwort lautete dann wie bei vielen anderen elterlichen Anweisungen: »Ja, ja …« Diese Antwort beunruhigte Eltern nicht, die Frage, was ihre Kinder draußen so anstellten, war für sie damals noch nicht so drängend. An den langen Sommerabenden konnte es sehr spät werden mit der Dunkelheit – wer kann schon ganz genau sagen, wann es dunkel ist? Da wir in Regionen mit einer langen Dämmerung leben, griffen Eltern manchmal auch zu einem weiteren Mittel, um den Zeitpunkt genauer festzulegen: **»Du kommst nach Hause, wenn die Laternen angehen!«** Kein Problem, und wenn man ehrlich ist, waren wir auch froh, erschöpft und glücklich ins Bett zu sinken. Vermutlich haben wir an einem Nachmittag und Abend mehr erlebt als Kinder heute in einer ganzen Woche mit dem Smartphone in der Hand.

»Meine Oma fährt im Hühnerstall Motorrad!«

Das lustige Lied weckt bei älteren Leuten seltsame Gefühle, ganz bestimmte Gerüche steigen virtuell in ihrer Nase auf. *Ja, wir hatten tatsächlich einen Hühnerstall* – obwohl sie keine Bauern oder Geflügelzüchter waren. Solche Haustiere hielten sich früher viele, denn sie lieferten Eier und irgendwann einen schönen Braten oder eine Suppe. Hühner für die Versorgung des Haushalts mit Eiern waren an der Tagesordnung, wenn ihre Haltung möglich war. Daher erinnern sich manche Kinder dieser Zeit auch noch an den Satz: **»Hol mal die Eier rein!«** Das bedeutete, sich in den duftenden Hühnerstall zu begeben und den Vögeln die Eier quasi unterm Hintern wegzuholen. Spott und Hohn und viel Gelächter erntete man als Kind, wenn man aus dem Hühnerstall zurückkam und das sogenannte Legeei mit in die Küche brachte, ein Ei aus Gips, das die Hennen zu größeren Leistungen motivieren sollte. Hühner waren vielerorts nicht die einzigen Haustiere. Manche Familie hatte in den 50er- und 60er-Jahren noch eine **Bergmannskuh** im Stall hinten im Garten oder eine Ziege, aus deren Milch man Käse machen konnte. Ein Schwein für die Verwertung der Küchenabfälle war in diesem Jahrzehnt schon der Sonderfall, obwohl die älteren Siedlungshäuser sogar noch eigene Stallungen im Hinterhof hatten. Aber mit den Jahren fanden es vor allem die Kinder wenig verlockend, die Wurst von einem Tier zu essen, das man persönlich gekannt hatte. Das gleiche galt für Kaninchen, die bis in die 90er-Jahre in Bretterverschlägen im Garten gehalten wurden und irgendwann im Kochtopf landeten. Keine guten Jahre für Vegetarier.

 ## »Sonntag gibt es Falschen Hasen!«

Weil sich viele Leute keinen echten Hasen leisten konnten, nahm man eben mit einem Imitat vorlieb. Falscher Hase wurde ein Hackbraten genannt, oft mit einem Ei in der Mitte. Vor allem lieferte dieses Gericht durch die wunderbare Vermehrung von teurem Fleisch mithilfe von Paniermehl oder Semmelbröseln eine sättigende Mahlzeit für die ganze Familie. Väter, die sich für begabte Humoristen hielten, brachten auch den Gedanken ins Spiel, man habe die Hauskatze gebraten, was die Kinder wonnige Gruselschauer verspüren ließ. Erfahrene Köchinnen zauberten aus einem eigentlich als Ersatz gedachten Gericht eine Köstlichkeit mit knuspriger Hülle und weichem Innenleben, und schon der Gedanke daran lässt bei manchem das Gefühl aufkommen, wieder an einem Sonntagmittag zu Hause zu sein. In der Hitliste der Lieblingsgerichte dieser Zeit steht der Falsche Hase ganz oben, vermutlich noch vor den Königsberger Klopsen, dem Toast Hawaii und den Armen Rittern.

 ## »Du kommst noch mal auf unser Klo, Wasser trinken!«

Die sanitären Verhältnisse hatten sich in diesem Jahrzehnt entscheidend verändert, das Plumpsklo, zu dessen Benutzung man den Hof überqueren musste, war gegen ein nachträglich eingebautes WC im Treppenhaus ausgetauscht worden. Noch musste man zwar die eigene Wohnung verlassen, aber immerhin nicht mehr durch Schnee und Regen eilen oder in der Nacht in Schlafanzug

oder Nachthemd hoffen, dass der Wind die Kerze nicht auspuste-
te, wenn man über den stockdunklen Hof zur Verrichtung streb-
te. Wer kennt ihn nicht, den Mann mit dem Licht? – ein beliebter
Werbeslogan für ein Abführmittel in diesen Tagen. (Der Mann mit
dem Licht nahm übrigens Darmol und fühlte sich wohl). Neben
seiner Aufgabe als Entsorgungszentrum leistete das neue Klo im
Treppenhaus weitere Beiträge zum menschlichen Wohlbefinden:
Es gab dort ein Waschbecken mit Seife und einem blau-grau ka-
rierten Handtuch. Man konnte sich also nach dem Toilettengang
die Hände waschen, wenn man sich nicht vor den Krankheitserre-
gern in besagtem Handtuch fürchtete, das eigentlich immer völlig
durchnässt war und mancherorts ziemlich selten gewechselt wurde.
Für die Kinder allerdings war das Waschbecken kein Waschbecken, sondern besonders an heißen Sommertagen eine segensrei-
che Quelle. Durstig wie ein Kamel klemmte man sich einfach unter
den ziemlich hoch angebrachten Wasserhahn und trank so viel frisches, klares Leitungswasser, wie man wollte. Kinder, die bei sich
zu Hause nicht über diese frei zugängliche Getränkeversorgung
verfügten – die äußere Haustür war eigentlich immer offen – nutzten dankbar die Möglichkeit, bei den Nachbarkindern zu trinken,
denn sonst hätten sie nach Hause laufen, anklingeln und die Mutter
um etwas zu trinken bitten müssen. Die Besitzer der Quelle – als
solche begriffen sich die Kinder, die im Haus wohnten – waren sich
durchaus ihres Reichtums bewusst, und wenn man mit ihnen einen
Streit vom Zaun brach oder es sich sonst wie mit ihnen verscherzte,
bekam man den besagten Satz zu hören: »Du kommst noch mal auf
unser Klo, Wasser trinken!«

 ## »Der macht jetzt Dauerlauf!«

Das klingt in den Ohren von Kindern aus dieser Zeit nach beuteligen Turnhosen und verschwitzten, schnaufenden Läufern. Der coole Style des Joggings fehlt noch, denn das kam erst in den späten 60er-Jahren auf. Jogging, das ist individuelle Selbstoptimierung von akademischer Schickeria aus dem richtigen Stadtviertel, Dauerlauf, das klingt nach Militär und Turnverein. Völlig ohne Funktionskleidung, aber viel bodenständiger. Der Turnlehrer machte Dauerlauf – sonst eigentlich kaum jemand …

 ## »Milch oder Kakao?«

Heute fördert die Europäische Union die Schulmilch, aber das ist nicht mehr die Schulmilch der Kindheit. Sogar Milchmischgetränke mit Erdbeer- oder Vanillegeschmack werden finanziell unterstützt – warum nicht auch Schokoriegel und Marzipan? Früher hatte man in der Pause die Wahl zwischen Milch oder Kakao in kleinen Glasflaschen. Es gab auch noch keinen Kiosk in der Schule, und jeder Schüler und jede Schülerin brachte sein oder ihr Frühstück mit. Wer allerdings Milch oder Kakao trinken wollte, musste sie vorher bestellen. Zu Beginn der Pause breitete dann jedes Kind auf seinem Tisch eine Serviette aus, packte die Butterbrote darauf, und zwei Schüler oder Schülerinnen verteilten aus einem Kasten die Milch oder den Kakao, die der Hausmeister vorher in einem großen Wärmeschrank erhitzt hatte. Man konnte sein Getränk allerdings auch kalt bekommen. Der Job als Helfer des Hausmeisters

beim Austeilen von Milch war sehr beliebt, weil man die übrig ge-
bliebenen oder nicht abgeholten Flaschen austrinken durfte.

 »Toner und Glaser?«

Nein, es geht nicht um Laserdrucker und auch nicht um den Hand-
werksberuf. Toner waren Murmeln aus Ton – daher der Name –,
während Glaser – logisch – eben aus Glas waren. Ein Glaser war
ungefähr zehn Toner wert, oder, wenn er besonders hübsche Farben
und Formen zeigte, noch weitaus mehr. Verhandlungssache. Alle
Kinder waren fasziniert von den gläsernen Murmeln und ihrem bun-
ten Innenleben. Wer beim Murmelspiel eine Glaser gewonnen hatte,
war glücklich, und wer viele Glaser besaß, reich. Toner hingegen
waren zwar im neuen Zustand hübsch anzusehen, verloren Glanz
und Farbe aber sehr schnell, wenn man sie zum Spielen benutzte.
Wie das Spiel mit den Murmeln funktionierte? Es gab, neben anderen Spielvarianten, zwei im Alltag bevorzugte Spielweisen: **Wand-
oder Randmurmeln** – Aus einer festgelegten Entfernung müssen
die Mitspieler ihre Murmeln möglichst nah an ein Ziel bringen, zum
Beispiel an eine auf dem Boden gezogene Linie, die Hauswand oder
einen Bordstein. Dabei dürfen sie die Murmeln werfen oder rollen.
Der Mitspieler, dessen Murmel am nächsten liegt, gewinnt alle Murmeln. Gegnerische Murmeln dürfen weggetitscht werden. Wenn an
einer Linie gespielt wird, sind alle Murmeln, die über das Ziel hin-
ausrollen, von vornherein verloren. **Das Spiel mit dem Loch**: Ein
etwa faustgroßes Loch wird in den Boden gebuddelt – oder man
benutzt das Loch vom letzten Spieltag. Alle Spieler beziehen im

selben Abstand Position und jeder muss nun versuchen, drei oder mehr seiner Murmeln wie kleine Kegelkugeln zu werfen und ins Loch rollen zu lassen. Da dies im Regelfall nicht gelingt, wird nun folgendermaßen weitergespielt: Der Spieler, der die meisten seiner Kugeln im Loch untergebracht hat oder derjenige, dessen Murmeln am nächsten am Loch liegen, spielt weiter, indem er versucht, eine der am Boden liegenden Murmeln mit den Fingern anzustoßen und sie so ins Loch zu schieben. Gelingt dies mit einer Murmel, darf er eine weitere anstoßen. Verfehlt er das Ziel, kommt der Nächste an die Reihe. Wer als Erster seine Kugeln eingelocht hat oder die letzte Kugel ins Loch rollen lässt, ist Sieger und erhält alle Murmeln.

 »Na, habt ihr wieder Doktor gespielt?«

Da hatte man nun das Pech, dass Erwachsene irgendwann überraschend erschienen waren, während man kindlichen Forschungsdrang auslebte, und sofort ging die Fantasie mit denen durch. Keine Ahnung, was die genau mit »Doktor spielen« meinten. Auf jeden Fall muss es etwas Schmutziges gewesen sein, denn jedes Mal wurde man dazu aufgefordert, sich die Hände zu waschen, wenn Doktorspiele vermutet wurden. Geschadet hat das Händewaschen nicht, denn schmutzige Hände hatten wir eigentlich immer. Später kam dann die sexuelle Revolution und Kinder galten als verhaltensgestört, wenn sie *keine* Doktorspiele praktizierten. Und bald konnte es zu folgendem Dialog kommen: **»Was macht ihr da unter der Kellertreppe?«** – »Wir spielen Doktor!« – **»In Ordnung! Ich dachte, ihr wärt schon wieder am rauchen.«**

Lichtspielhaus

Was ist denn schon ein Kino gegen ein Lichtspielhaus? Ein Besuch in einem solchen war ein besonderes Ereignis, besonders für Kinder, bei denen auch schon das Wort Kino kaum zu ertragende Erwartung und Vorfreude auslöste. Es gab besondere Vorführungen für Kinder zum Sonderpreis, meist samstags und sonntags um 14 oder 15 Uhr, und die gezeigten Filme waren alles andere als Meisterwerke der Filmkunst. Die billigsten Plätze waren die sogenannten **Rasiersitze** ganz vorn, die so hießen, weil man schräg nach oben guckte und es der Friseur mit einer Rasur recht einfach gehabt hätte. Nach Vorfilm und Wochenschau begann das eigentliche Programm. Besonders beliebt: Fuzzy-Western, Karl-May-Verfilmungen, Tarzan-Filme und Dick-und-Doof-Kurzfilme. In den Augen der Erwachsenen alles der reine Trash, aber für Kinder gut genug. Wenn die damals gewusst hätten, welchen Spaß wir hatten und was wir alles fürs Leben gelernt haben!

»Oma macht Kalten Hund!«

Richtig gelesen, aber Oma machte keineswegs den Hund kalt. Eines ist sicher: Hund ist nicht in der Kellerkuchen oder Kalter Hund genannten Köstlichkeit enthalten, nicht einmal kleinste Mengen. Vielleicht verdankt diese süße und fettige Leckerei ihren Namen der kalten Hundeschnauze. Oma füllte abwechselnd je eine Lage Kekse und eine Lage einer warmen Schokocreme geheimer Zusammensetzung in einem flachen Gefäß übereinander und trug es dann in den Keller oder an einen anderen kühlen Ort, wo sich der

Kellerkuchen verfestigte. Das erste Stück schmeckte unglaublich gut, schon beim zweiten allerdings spürte man die Grenze seiner Aufnahmefähigkeit und wenn man ein drittes aß, waren die Folgen unabsehbar. Bestand doch die Füllung zu etwa zwei Dritteln aus Kokosfett und der Rest aus Puderzucker und Kakao – eine teuflische Mischung, die Schwimmringe aus dem Nichts wachsen lassen kann. Genau richtig war der Kellerkuchen für ein familiäres Fest: Da bekam jeder nur ein kleines Stück und war so automatisch vor unangenehmer Übersättigung geschützt, wenn nicht auch noch die beliebte *Buttercremetorte* angeboten wurde. Wer übrigens tatsächlich vom Hund kosten wollte, hätte dies in einem der ersten Chinarestaurants tun können oder auch Katze probieren – so glaubte man jedenfalls in erstaunlicher Unwissenheit und Ablehnung allem Fremden gegenüber. Wir Kinder gruselten uns davor und glaubten vermutlich den Unsinn, den die Erwachsenen von sich gaben.

 »Ein Indianer kennt keinen Schmerz!«

Weinende Kinder verunsicherten und verunsichern Erwachsene, und so unternahm man in jenen Tagen alles, um wieder ein Lächeln auf ihr Gesicht zu zaubern beziehungsweise um sich von dem unangenehmen Gefühl der Hilflosigkeit zu befreien. Trösten wäre eine Alternative gewesen, aber so mancher Erwachsene wählte damals den Weg, die Ursache für das lautstarke Klagelied kleinzureden: »Ein Indianer kennt keinen Schmerz!« war die nicht besonders kluge Aufforderung, Gefühle zu verdrängen und den harten … ja, meist den harten Mann zu spielen. Mädchen bekamen diesen Standardsatz der Wildwestpädagogik seltener zu hören. Vorbild waren vermutlich die Helden in diversen Westernserien und -spielfilmen, die niemals eine Träne des Schmerzes vergossen hätten.

»Häng hier nicht rum wie ein Gammler!«

Gammeln ist eine Tätigkeit, die völlig aus der Mode gekommen ist – könnte man glauben. Irrtum, sie heißt heute nur anders: *chillen*. Diese neue Form der Tätigkeit trifft jedoch den Kern der Sache nicht ganz, denn der *Gammler* war ein Stereotyp jener Jahre. Gammler trugen verwaschene und zerrissene Jeans, eine Tradition, die heute modebewusste Lifestyle-Girls fortführen. Der Gammler allerdings hüllte seinen Oberkörper in einen olivgrünen *Parka*, eigentlich ein militärisches Kleidungsstück, das aber am besten aus der Altkleidersammlung stammen sollte und sowohl verwaschen, abgeschabt als auch voller Flecken sein konnte. Hinzu kam ein gewisser Verhaltenskodex: Gammler bewegten sich wie Traumtänzer, ausgesprochen langsam, kraftlos und betont gelassen, einerseits immer ein wenig desinteressiert am hektischen Leben der Spießbürger, andererseits aber auf Außenwirkung bedacht. Gegammelt wurde an öffentlichen Orten, wo man sich sicher sein konnte, irgendjemanden bis zur Weißglut aufzuregen. Auf den Treppen vor einem beliebten, von Touristen besuchten Gebäude, mitten in der Innenstadt vor einem Kaufhaus. Besonders beliebt waren Brunnen. Gammler gehörten geradezu zum Stadtbild.

 »Wer hat denn wieder die Fernseh- antenne verstellt?«

Nicht genug damit, dass es nur einen, später zwei oder drei TV-Sender gab, es war auch noch ein großes Problem, sie in halbwegs vernünftiger Qualität zu empfangen. Es zuckte, flimmerte und flackerte auf dem Bildschirm, wild verzerrte Bilder wechselten sich mit völligem Blackout ab und der Ton tat ein Übriges, um denjenigen zum Nervenzusammenbruch zu führen, der gerade versuchte, den Fernsehempfang zu optimieren. Das geschah anfangs vielfach über eine sogenannte Zimmerantenne, eine utopisch aussehende Drahtschleife, die in eine genaue Position gebracht werden musste, um für ein klares Bild zu sorgen. War diese Position einmal gefunden, schien alles gut und konnte so bleiben – hätte es nicht eine Reihe von Gründen gegeben, die Zimmerantenne aus der optimalen Position zu bringen. Da flogen die Bälle der Kinder durchs Zimmer und trafen natürlich genau das Ding aus Draht. Da kämpfte die Putzfrau mit dem Staub und wischte nicht nur diesen, sondern auch gleich das glasklare Fernsehbild mit einem einzigen Handgriff weg. Meist war es der »Herr des Hauses« (das waren Männer damals noch, zumindest nominell), der sich dann abends ein weiteres Mal auf die Suche nach halbwegs erträglichem Fernsehempfang machen musste. »Wer hat denn wieder die Fernsehantenne verstellt?« war da noch ein relativ harmloser Satz. Das Ritual der Sendersuche geschah meist unter Flüchen, die man hier kaum wiedergeben kann. Verschärft wurde das Problem häufig noch durch die Position von Fernseher und Antenne im Raum. Ohne eine Hilfskraft ließ sich der Einstellvorgang nicht bewerkstelligen. Während der eine die Antenne verstellte, überprüfte der andere das

Ergebnis auf dem Bildschirm: »Mehr nach links, links, links, ja, ja, gut so … noch ein bisschen zurück, nach rechts … zu viel, wieder zurück …« Das konnte dauern.

 »Mädchen tragen keine Hosen!«

Dieser Satz aus den 50er- und frühen 60er-Jahren konnte kein langes Haltbarkeitsdatum vorweisen, denn die Vorstellung von Mädchen in Rock oder Kleid hatte zwar lange Tradition, aber vor den neuen Zeiten keinen Bestand. **»Aber alle anderen in meiner Klasse …«** Na ja, ob es wirklich alle anderen waren … Die Mode bahnte sich ihren Weg: Die jungen Damen der 50er-Jahre tanzten Rock 'n' Roll in Röhrenjeans, und spätestens mit den Hippies und der Studentenrevolte emanzipierten sich die Frauen ohne Rücksicht auf überkommene Vorstellungen. Ob eine der Lösungen dieser Tage – der Minirock von Mary Quant, erstmals 1962 in der britischen Modezeitschrift *Vogue* zu sehen – den Verfechtern »weiblicher« Bekleidung zugesagt hätte, darf bezweifelt werden. Wer also den obigen Satz noch selbst aus dem Mund seiner Mutter gehört hat, sollte sich als sprachliche Rarität daran erinnern.

 # »Morgen kommt dein Vetter zu Besuch!«

Der Vetter, der Sohn von Onkel und Tante, hat überlebt, und zwar in dem Wort *Vetternwirtschaft*, wobei es das Wort nicht ganz einfach hat, gegen das viel mächtigere *Korruption* anzukommen. Im Ergebnis läuft beides auf dasselbe hinaus. Umgangssprachlich wird der Vetter heute häufig von der französischen Form *Cousin* verdrängt, das klingt eleganter und – wichtig in Zeiten körperlicher Fitness – weniger fett.

 # »Der doofe Dieter spritzt mich immer nass!«

Die Friedensbewegung steckte noch in ihren Anfängen, wir Kinder spielten ohne die geringsten Zweifel am Schusswaffengebrauch mit Platzpatronenrevolvern die Geschichten der TV-Westernserien nach und unterlegten dabei unsere ganz eigenen Abenteuer. Eine ganz besondere Schusswaffe jener Tage war die **Wasserpistole**, denn für uns Kinder enthielt sie nicht nur gewöhnliches Wasser, sondern jede Menge Spaß, besonders an heißen Sommertagen. Es gab solche, die echte Schusswaffen imitierten oder aber auch futuristische Waffen aus dem Jahr 2000 – bei uns das Synonym für eine unglaublich faszinierende Zukunft. Besonders angetan hatte es uns eines dieser utopischen Objekte aus durchsichtigem, mit leuchtend grünem Fluorescein gefärbtem Plastik, in dessen Inneren man sowohl die Mechanik als auch den Wasserstand erkennen konnte.

Später kamen größere Wasserpistolen mit voluminösen Wasserbehältern und weiter reichendem Strahl auf. Ob sie allerdings den Spaß übertreffen konnten, den wir mit unseren tropfenden und ach so unpädagogischen Spielzeugen hatten, bleibt die Frage. Unentbehrlich für das Vergnügen mit Wasserpistolen waren allerdings ängstliche Jungen und kleinere Schwestern, die man nass spritzen konnte. Ohne diese wasserscheuen Opfer hätte es nur die Hälfte an Spaß gemacht.

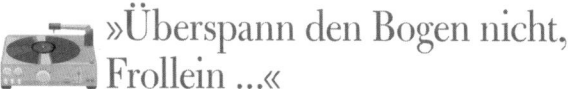 ## »Überspann den Bogen nicht, Frollein ...«

Die heute politisch inkorrekte Bezeichnung für eine unverheiratete junge Frau – Fräulein – hat sich in diesem warnenden pädagogischen Satz für ein paar Jahre über die Zeit gerettet. Schon 1980 oder 1985 sagte niemand mehr Fräulein zu einer Frau – die Emanzipation tobte, Mann oder Frau wäre rettungslos als von gestern gebrandmarkt worden. In dem erzieherisch gemeinten Satz von Vater oder Mutter an die Tochter hat das »Fräulein« die Rolle der koketten, exzentrischen jungen Frau. Indem die Tochter in puncto Höflichkeit überhöht angesprochen wird, soll ihr der Ernst der Lage verdeutlicht werden: **»Bis hierher und nicht weiter, meine Dame!«** hätte der Satz auch formuliert werden können. Sollte die Tochter hingegen in anderer Richtung beeinflusst werden, zum Beispiel zur Pünktlichkeit beim Schulbesuch, so konnte die Formel gegen das Trödeln am Morgen auch lauten: **»Nu mach aber mal, dass du Land gewinnst ... Fräuleinchen!«**

 # »Da ist ja nur noch Prütt drin!«

Nämlich in der Kaffeekanne. Prütt oder Prott, so nennt man den Kaffeesatz in Westfalen, im Rheinland, im Ruhrgebiet und in Teilen Norddeutschlands. Man hörte den Satz immer dann, wenn jemand versuchte, sich eine letzte Tasse Kaffee aus der Kanne einzugießen, aber nur noch ein wenig wässrige Flüssigkeit und eine feine, braune Masse aus der Tülle kam: Prütt eben, Kaffeesatz. Daraus, so der Aberglaube, lässt sich zwar die Zukunft lesen, aber das Trinkerlebnis machte die feinkörnige braune Substanz nicht besser. Da begriffen die Hausfrau und das ganze Kaffeekränzchen schnell, dass eine moderne Kaffeemaschine eine sinnvolle Anschaffung sein würde, die allerdings auch Großmutters wunderschöne alte Kaffeekanne aufs Altenteil schickte. »Das ist der Lauf der Dinge«, sagte Oma dazu. »Da geht es der Kanne wie mir.«

 # »Dann hör doch wenigstens Schulfunk!«

Nein, diesen Satz kennt nicht jedes Kind aus den 70er-Jahren, er war vielleicht eine Spezialität meiner Mutter, wenn ich wieder mal krank war und sie mir die Krankheit nicht so recht glauben wollte. Vielleicht war es nur wieder das Faulfieber …? Wenn ich schon mit einem Schal um den Hals auf dem Sofa im Wohnzimmer lag, konnte ich wenigstens unser goldbraunes Empfangsgerät Marke Loewe Opta einschalten und Schule im Radio hören: Schulfunk. Ja, es gab tatsächlich einen Schulfunk. Die Sendungen wurden ab 1947 ausgestrahlt, die 50er- und 60er-Jahre waren die beiden großen Jahrzehnte des Schulfunks. Schulfunk wurde vom NDR und vom WDR vormittags gesendet und am Nachmittag wiederholt, leider aber nur selten in der Schule und für den Unterricht genutzt. Das lag zum einen daran, dass es in mancher Schule überhaupt kein Radio für die Nutzung in den Klassenräumen gab, zum anderen an der Trägheit der Lehrer, welche die Schulfunksendungen für ihren Unterricht ignorierten, vermutlich deshalb, weil sie ihn dann irgendwie hätten planen müssen. Begeisterte Zuhörer des Schulfunks waren vor allem Hausfrauen und Rentner, welche die teilweise sehr gut gemachten Sendungen als Hörspiele nutzten. Und kranke Schüler hörten zu, die zu Hause blieben und ja auch etwas lernen sollten. Die Eltern mussten sie eigentlich nicht einmal dazu auffordern, so beliebt waren die Sendungen auch bei Schülern. Die Serie *Neues aus Waldhagen* zum Beispiel kann man als frühen Vorläufer der *Lindenstraße* betrachten. Bekannte Schauspieler des Hamburger Ohnsorg-Theaters arbeiteten mit, unter anderem Heidi Kabel als Emma Piepenbrink und Henry Vahl als Opa Negenborn. Andere beliebte Serien hießen: *Der Arzt spricht, Der Tierfreund, Lebendige Vergangenheit, Aus Heimat und Welt* oder *Du bist mitverantwortlich*. Für den Englischunterricht gab es *English For Juniors* (Anfänger) und *English For Seniors* (Fortgeschrittene), gesprochen von Henry und Barbara, die durch die Sendungen einen hohen Bekanntheitsgrad erhielten.

Später ersetzte das Schulfernsehen die Hörfunksendungen, fand aber ebenso wenig Einsatz in der Schule und darüber hinaus auch noch wenig Publikum zu Hause. Das lag daran, dass die meisten Sendungen steif und alles andere als spannend gemacht waren. Da hätte das Fernsehen etwas vom Radio lernen können.

 # »Au ja! Arme Ritter!«

Kaum zu glauben: Dieses merkwürdige Gericht hat tatsächlich seine Wurzeln in ferner Vergangenheit und Arme Ritter wurden in ähnlicher Form schon im Römischen Reich verspeist. Im 14. Jahrhundert tauchten sie in unseren Regionen erstmals in historischen Schriften auf. Für unsere ganz jungen Mitbürger, die vielleicht noch nie Arme Ritter gegessen haben: Alte Brötchen, Weißbrotscheiben oder Zwieback werden in einer Mischung aus Milch und Eiern eingeweicht und anschließend in einer Pfanne gebraten. Arme Ritter kann man nur mit etwas Salz essen oder sich das Leben versüßen: Mit Zucker und Vanille, Marmelade oder Pflaumenmus, Ahornsirup oder Zimt und Zucker schmecken sie ebenfalls großartig. Aber warum heißen sie Arme Ritter? Eigentlich weiß das niemand so genau, aber man könnte folgende Geschichte dahinter vermuten: Nach langer Belagerung gingen den Bewohnern einer Ritterburg langsam die Vorräte aus. Fleisch, Obst und frisches Gemüse gab es schon lange nicht mehr, die Ritter, die Burgfräulein und das Gesinde mussten hungern. Nein, eigentlich nicht, denn sie kratzten alles zusammen, was sie noch hatten: altes Brot, etwas Milch, und glücklicherweise liefen irgendwo im Burghof auch noch ein paar Hühner herum, die Eier legten. Vermutlich gab es einen einfallsreichen Koch und dann sicher kurz darauf ein neues Gericht: Arme Ritter. War es wirklich so? Reine Spekulation …

Bekannt ist das Gericht mancherorts auch unter anderen, ziemlich lustigen Namen: Rostige Ritter, Weckzämmädä, Kartäuserklöße oder Blinde Fische. In England nennt man sie auch »Poor Knights Of Windsor«, was wiederum zu der Geschichte von den belagerten Burgherren auf der Burg passt.

 ## »Ich kauf mir 'ne Wundertüte!«

Wundertüten waren rechteckige, bunt bedruckte Tüten aus Papier, sie kosteten zwei Groschen – 20 Pfennig – und enthielten die fabelhaftesten Überraschungen für uns Kinder: großartige goldene Ringe und kleine Figuren aus Plastik, manchmal auch Briefmarken, oft aber Bonbons, Dragees und Puffreis – viel trockenen Puffreis. Was drin war, konnte man von außen nicht sehen, aber vielleicht fühlen. Deswegen wurden Wundertüten vor dem Kauf sorgfältig durch Betasten geprüft – bis der Verkäufer die Geduld verlor und einen Abschluss des Handels verlangte. Zu gebrauchen war der Inhalt einer solchen Wundertüte eigentlich nicht. Die Süßigkeiten schmeckten alles andere als gut, die kleinen Spielzeuge verloren ziemlich schnell jeden Wert. Manche Kinder kauften viele, andere, offenbar einsichtigere, nur hin und wieder eine Wundertüte. Im Jahr 1974 kam dann die Kinderüberraschung, das Überraschungsei mit Schokolade und niedlichen kleinen Spielzeugen, die man zusammenbauen und sogar sammeln konnte – und immer noch kann. Vom Inhalt der Wundertüten blieb nichts übrig – die Wundertüten selbst aus den 50er- und 60er-Jahren sind heute gesuchte Sammlerobjekte, wenn sie noch nicht geöffnet sind.

 ## »Geh mal Milch holen! Und vergiss die Kanne nicht!«

Kaum vorstellbar in Zeiten der Supermärkte mit Komplettsortiment: Es gab Milchgeschäfte, Läden, in denen nur Milch und Milchprodukte verkauft wurden, meist kalte, gekachelte Räume in

Weiß. Die Kunden standen an einer Theke und hatten ihre eigene Milchkanne mitgebracht – Lösung aller Verpackungsprobleme –, die jeden Tag verwendet werden konnte. Der Verkäufer oder die Verkäuferin pumpte die Milch aus einem großen Tank in größere oder kleinere Litermaße, und anschließend wurde die gewünschte Menge in die Kanne aus Aluminium (meist etwas verbeult) oder emailliertem Metall umgefüllt. In so eine Milchkanne passten maximal zwei Liter. So ging es weiter: Deckel drauf, bezahlen – der Liter kostete 34 Pfennig –, und aufpassen, dass auf dem Rückweg nichts über den Rand der Kanne schwappte. Natürlich konnte man zwischendurch auch mal einen Schluck Milch naschen – das schmeckte gut!

Mancherorts allerdings sparte man sich den Weg zum Laden, denn da kam die Milch bis vor die Haustür. Wagen mit Milch und Milchprodukten – anfangs per Pferdefuhrwerk, später dann motorisiert und mit Verkaufsfenster im Lieferwagen – fuhren durch die Straßen und machten sich durch ein Klingelsignal oder lautes Rufen bemerkbar. Die Milchkanne brauchte man anfangs allerdings auch, später gab es dann Glaspfandflaschen und man musste das Leergut mitbringen. Ich werde übrigens wohl nie vergessen, dass mein ambulanter Milchhändler den Vornamen Gisbert trug – als Kind sah ich da eine Art magische Verbindung zwischen diesem Namen und gewaltigen Strömen von Milch …

»Wir machen uns jetzt auch ein Batik-T-Shirt!«

Plötzlich hatten alle sie an – diese ganz besonderen T-Shirts in kräftigen Farben, gemustert mit weißen Streifen oder konzentrischen Kreisen vorn auf der Brust und hinten auf dem Rücken. Das lag zum einen daran, dass diese Oberteile a) ausgesprochen ästhetisch aussahen und b) sehr einfach herzustellen waren: Tennisball im weißen T-Shirt so einpacken, dass er beim Färben das Zentrum der Sonne auf Brust und Rücken verursacht; mit Bindfaden weitere Abschnürungen vornehmen, bis das Ganze wie eine Art textile Wurst aussah; in einen Topf mit erhitzter, aufgelöster Textilfarbe legen, die Farbe einwirken lassen, herausnehmen, mit Essig fixieren, auswaschen, zum Trocknen aufhängen, anziehen und supercool aussehen …

Na ja, die Gummihandschuhe hätte man nicht vergessen sollen, so hatten die Hände halt für ein paar Tage bis Wochen die Farbe des T-Shirts …

 ## »Nimm die breite Krawatte – wir gehen in die Disco!«

Die breite, poppige Krawatte hatte nur ein kurzes Leben und ist vielleicht dem einen oder anderen in der Kindheit begegnet. Sie gehörte zur Modewelt der Mary Quant, die Anfang der 60er-Jahre den Minirock erfunden hatte und unter anderem eine Boutique in der King's Road im Londoner Stadtteil Soho besaß. Die Boutiquen rund um Carnaby Street, Regent Street und Leicester Square boten ausgefallene Mode für beide Geschlechter an, wobei die Männermode erstmals in diesem Jahrhundert bunt, laut und auffällig im Straßenbild erschien. Ein bisschen davon schwappte auch in die deutschen Großstädte und man konnte eine Weile lang Männer mit lustigen gestreiften oder gepunkteten Schals und Krawatten bewundern. Das ging allerdings ziemlich schnell wieder vorbei, denn die Krawatte kam aus der Mode …

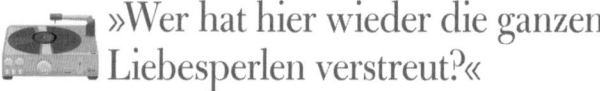 »Wer hat hier wieder die ganzen Liebesperlen verstreut?«

Liebesperlen waren kleine Dragees aus Zucker und Lebensmittelfarbe, die in Fläschchen verkauft wurden, die wie Babyflaschen aussahen und an denen das glückliche Kind, das sie besaß, nuckeln konnte. Oft gelang das nicht so gut oder das Fläschchen fiel um und der Inhalt rollte über Tische, Bänke und den Fußboden. Wenn jemand darauftrat, entstand ein äußerst klebriger Bodenbelag – sehr zum Ärger der Hausfrau. Glücklicherweise wurde ein Großteil der Liebesperlen draußen beim Spielen konsumiert. Sie wurden schon 1908 von Süßwarenproduzent Rudolf Hoinkis aus Görlitz »erfunden«, dessen Ehefrau für die liebevolle Namensgebung zuständig war.

 # »Hasse ma 'n Tacken?«

Rätselhafte Worte für die jüngere Generation, welche die etwas älteren Bundesbürger in ihrer Kindheit so manches Mal gehört haben dürften. Ein Tacken, das ist eine kleine Münze aus Messing, das Zehn-Pfennig-Stück in der Umgangssprache – eine von vielen Bezeichnungen für Geldstücke, deren Herkunft unklar ist. Manchmal wurde das Wort auch für Geld an sich benutzt, wie zum Beispiel in dem Satz »Lass Tacken klacken!« – übersetzt etwa »Jetzt zahl mal endlich!« Das Wort Tacken war weit verbreitet. Die Bezeichnungen für andere Geldstücke, Fähndrich für den Pfenning oder Beischuck für zwei Mark als Münze waren nicht gebräuchlich – mit Ausnahme des **Heiermanns**, so hieß das Fünf-Mark-Stück. Für dessen Name gibt es eine etwas anrüchige Erklärung: Seeleute konnten in Hamburg für fünf Mark Heia machen – in einem Bordell nämlich – und zahlten entsprechend mit einem »Heiamann«. Etymologisch abgesichert ist diese Erklärung allerdings nicht. Der häufigste Satz aber, bei dem es sich um Geld drehte, war in den kommenden Jahrzehnten in vielen deutschen Großstädten aus dem Mund von Schnorrern und Bettlern zu hören, bis der Euro eingeführt wurde: **»Hasse ma 'ne Mark?«**

 # »Los, wir fahren ins Autokino!«

Wir Kinder hörten diesen Satz mit Wehmut, denn meist durften wir ja nicht mit – viel zu spät! Besonders im Sommer war es abends lange Zeit viel zu hell für eine Filmvorführung im Freien. Die Spätvorstellung stellte deshalb den Standard dar, und der vorgeführte Film – man hatte die Auswahl zwischen genau einem – kam meist aus der Ecke Sex and Crime, war also nichts für Kinder. In deutschen Städten begann das große Kinosterben, die Lichtspielhäuser litten an Publikumsschwund und nur eine Art von Kino machte eine Ausnahme: das Autokino. Man stellte es sich großartig vor: Der Zuschauer im Auto saß in den bequemen Polstern der eigenen Limousine, blickte auf eine riesige, Hunderte Quadratmeter große Leinwand, aß dazu Popcorn oder Pommes Frites oder beides und erfrischte sich mit kalten Getränken. Und: Im Schutz der Dunkelheit konnte man noch gewisse andere Aktivitäten entfalten, die mit dem Film auf der Leinwand allenfalls mittelbar zu tun hatten und womöglich in einem herkömmlichen Kino mitten im Publikum eine Anzeige wegen Erregung öffentlichen Ärgernisses (oder öffentlicher Erregung) nach sich gezogen hätten.

So die Wunschvorstellung. Die Realität waren: schwächliche Projektoren, die kaum gegen die Resthelligkeit des Abendhimmels ankamen, quäkende Lautsprecher, eingehängt im Seitenfenster, kalte Füße, weil der Motor ja nicht laufen durfte, als Gegenmaßnahme heulende oder mit den Flügeln klappernde Heizlüfter, umgefallene Getränkebecher innen oder draußen Regengüsse mitten im Film, auf jeden Fall ging es ziemlich feucht zu. In Fällen von Notdurft mussten abenteuerliche Wege zwischen parkenden Autos zum zentralen Klo zurückgelegt werden, das allerdings häufig einfach zu finden war: immer dem Geruch nach. Besonders Frauen liebten es, dort Schlange zu stehen. Es war schon ein tolles Erlebnis, so ein Besuch im Autokino. Autokino gibt es übrigens heute immer noch, natürlich mit weitaus besserer Sanitär- und Kinotechnik.

Man spürt aber immer noch das Abenteuer der 60er-Jahre, wenn man einen Abend lang auf seine 834 Kabelkanäle verzichtet und sich mal wieder so eine Vorführung gönnt. Sehr empfehlenswert.

»Wenn du brav bist, kaufe ich dir einen Dauerlutscher!«

Worte, die ein Kinderherz höher schlagen ließen, mit denen man heute vermutlich kein Kind mehr hinter der Pelletheizung hervorlocken könnte – heute heißen die Dinger allgemein Lollis, sind aber genauso schlecht für die Zähne und nur eine von endlos vielen verfügbaren Süßigkeiten. Damals waren sie aber noch die Ausnahme und wer einen Dauerlutscher bekam, fühlte sich wie an einem Festtag. Die am meisten verbreiteten Dauerlutscher jener Tage waren kleine Kirschlollis, die man für ein paar Pfennige auch einzeln kaufen konnte. Es gab sie auch im Doppelpack – immer zwei knallrote Zuckerkirschen an zwei überirdisch grünen Stielen. Richtig große Dauerlutscher gab es nur in Süßwarengeschäften oder in einer knallbunten Version auf der Kirmes. Übrigens: Chupa Chups fanden erst in den 80ern Verbreitung.

»'Ne Single? Ich hab mir gestern die LP gekauft!«

Die Vinyl-Freaks wissen es auch heute noch: Eine LP (sprich: El-piii) ist ein Long-Play-Datenträger der analogen Musik mit mehreren Musiktiteln auf beiden Seiten der schwarzen 30-Zentimeter-Scheibe, die man mithilfe eines Plattenspielers hörbar machen kann. Eine Single ist genau dasselbe, allerdings mit nur 17,5 Zentimetern Durchmesser und nur je einem Titel auf Vorder- und Rückseite. Singles kosteten wenig Geld – etwa fünf D-Mark –, während man bei LPs schon einmal zwanzig Mark oder mehr für ein sogenanntes Doppelalbum mit mehreren Platten hinblättern musste. Entsprechend hoch war der Prestigewert einer LP gerade unter Jugendlichen. Ärgerlicherweise gab es viele Gruppen, die musikalisch nicht allzu viel zu bieten hatten. Wer aber die Single erwarb, besaß den angesagten Hit. Auf mancher LP war außer diesem einen *Burner* (wie man heute sagen würde) nur heiße Luft. Nicht so bei den sogenannten Konzeptalben: Seit der LP *Sgt. Pepper's Lonely Hearts Club Band*, veröffentlicht von den Beatles im Mai 1967, bemühten sich viele Bands, ihre Langspielplatten als zusammenhängende musikalische Werke zu gestalten, mit mehr oder weniger Erfolg …

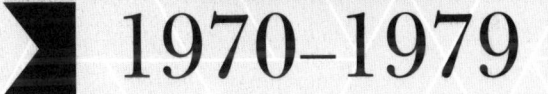

1970–1979

Die ersten Jahre dieses Jahrzehnts waren geprägt von Veränderungen und Umbruch. Mancher träumte von Reisen zu den Planeten, und die Ölkrise 1973 hatte das Umweltbewusstsein auch einer breiteren Bevölkerungsschicht geweckt. Die Ideen der 1968er-Bewegung flossen in den Umgang der Menschen miteinander und das tägliche Leben ein. Die Kommune und die Patchworkfamilie entwickelten sich zum Lebensmodell. *Mad* war das Fachblatt für gedruckten Blödsinn und die *Concorde* flog mit Überschallgeschwindigkeit über den Atlantik. Die Musik kam von Abba oder den Beatles, von Deep Purple oder Roland Kaiser, von Heino oder Queen, und auch in der Kommunikation der Menschen untereinander bekamst du einiges zu hören.

 ## »Ich kauf mir Moonboots!«

Der Mond spielte eine prominente Rolle in diesen Jahren – nie zuvor und nie danach waren mehr Menschen auf dem Erdtrabanten als zwischen 1969 und 1972. Die abenteuerliche Reise der Astronauten beflügelte die Fantasie des Publikums und fand bald Niederschlag in einem alltäglichen Produkt: Moonboots. Das waren Schneestiefel, die im Design den Stiefeln der Astronauten bei der ersten Mondlandung 1969 ähnelten. Sie sahen einfach cool aus, und so konnte man als Kind staunend sehen, wie ältere Geschwister – meist Schwestern – oder die Mutter sich zum Kauf des etwas klobigen Schuhwerks entschlossen. Praktisch waren sie allemal, denn sie bestanden aus wasserdichtem Kunststoff und waren innen mit einer Isolationsschicht versehen – ideal für den Winter. Ihr Aussehen verdankten sie dem italienischen Designer Giancarlo Zanatta. Der Mond blieb auch in den kommenden Jahren Teil des Zeitgeistes: 1979 brachte Sting mit The Police den Titel »Walking on the Moon« heraus und 1983 überraschte Michael Jackson die Welt mit dem Moonwalk.

»Macht den Teller leer, damit morgen das Wetter schön wird!«

Was Eltern so daherreden, wenn der Tag lang ist? Das haben sich intelligentere Kinder schon im zarten Alter gefragt. Das durchschnittliche Kind – also du und ich – glaubte allerdings den Quatsch und schaufelte alles Mögliche in sich hinein, oft zu viel und zu fett. So diente letztlich die Aussicht auf schlechtes Wetter als Vorwand für Übergewicht. Wir hätten fragen müssen: Welcher Zusammenhang sollte zwischen Nahrungsmittelverzehr und Wetter, also zwischen Ökotrophologie und Meteorologie bestehen? Und auch wenn dieser Satz heute noch durch deine Gehirnwindungen geistert: Verkneif es dir, so einen himmelschreienden Blödsinn an deine Kinder weiterzugeben!

»Na, waren die Augen wieder größer als der Magen?«

Ein genauso wenig sinnvoller Satz, aber erzieherisch von großer Bedeutung, wie die Eltern meinten. Den Teller leer essen – das war offenbar eines der höchsten Erziehungsziele dieses Jahrzehnts.

Wie man es als Kind auch machte, es war falsch. Nahm man eine zu kleine Portion, hatte hinterher aber noch Hunger, so bekam man zu hören: **»Sei nicht so gierig!«** Ohne diesen Kommentar gab es in vielen Familien keinen Nachschlag. Blieb hingegen etwas auf dem Teller, so versuchten die Erziehungsberechtigten entweder den Spruch mit dem Wetter oder sie beschwerten sich über das kindliche Fehlverhalten. Warum, in drei Teufels Namen, sollte sich ein Kind schlecht fühlen, wenn es das Essen auf seinem Teller nicht ganz herunterbekommen hat?

»Du siehst heute wieder aus wie ein Landstreicher!«

Die Auffassungen darüber, wie ein korrekt gekleideter Mensch auszusehen habe, unterschieden sich zwischen den Generationen in jenen Tagen erheblich. War für die jüngere Generation das saloppe, ja abgetragene Kleidungsstück quasi ein Statussymbol – wie etwa der abgetragene olivgrüne Bundeswehrparka oder die ausgewaschenen »Nietenhosen«, wie sie Mutter immer nannte – so dominierte in den Vorstellungen der älteren Altersstufe noch immer die Vorstellung von Schlips und Kragen als Standard der textilen Ausstattung. Nur selten konnten sich Eltern über derart angepasste Sprösslinge freuen. Bei einigen wuchs sogar der Haaransatz über den Kragen (!), von Hemd und Krawatte keine Spur, denn den Oberkörper bekleideten zunehmend T-Shirts. Landstreicher hießen damals die Obdachlosen, bevor sie später zu Stadtstreichern befördert wurden – vermutlich aber stammt der obige Satz aus einer bürgerlichen Familie, denn die Ausdrucksweise in seinem erzieherischen Statement wählte der proletarische Familienvater im Vergleich drastischer: **»Du siehst aus wie ein Penner!«** Ob Bildungsbürgertum oder Prekariat – nur in den Augen ihrer Eltern wirkten die Kinder ganz schön heruntergekommen.

»Das ist ja Blümchenkaffee!«

Mit diesen oder ähnlichen Worten beschwerten sich die Verwandten über zu dünn geratene Koffeingetränke beim nachmittäglichen Kaffeekränzchen. Blümchenkaffee heißt die dünne Plörre, weil man durch den Kaffee hindurch das Dekor auf dem Boden der Tasse sehen konnte, eben die Blümchen. Ziemlich übertriebene Steigerungen sind der **Doppelblümchenkaffee** – man sieht durch ihn hindurch die Blumen auf der Außenseite der Tasse – und der **Schwerterkaffee**: so dünn, dass man das Markenzeichen der Staatlichen Porzellan-Manufaktur Meissen, gekreuzte Schwerter, auf der Rückseite der Untertasse erkennen kann. Blümchen auf der Innenseite von Kaffeetassen gibt es zwar heute seltener, aber dennoch wird der Kaffee als Blümchenkaffee bezeichnet, wenn er zu dünn geraten ist. Allerdings weiß mancher heute nicht mehr, warum.

Ebenfalls zu Beschwerden kam es in diesen Tagen, wenn es sich bei dem Kaffee in der Tasse nicht um teuren Bohnenkaffee handelte: **»Bäh, das ist bloß Muckefuck!«** Das seltsame Wort *Muckefuck* bezeichnet Ersatzkaffee aus Malz, Getreide oder aus der Wurzel der Zichorie, der zwar genauso wie Kaffee aussieht, aber

a) weder so schmeckt noch b) Koffein enthält und damit in puncto anregender Wirkung zu wünschen übrig lässt. Die Bezeichnung Muckefuck wird vom französischen *Mocca faux*, falscher Kaffee, hergeleitet, und genau das ist Muckefuck ja auch.

»Papa, der Sitzsack ist geplatzt!«

Ein Sitzsack, das ist ein Möbelstück, das dem kindlichen Traum von einem Sitzmöbel sehr nahekommt: außen eine Hülle meist aus synthetischem Stoff, drinnen Hunderttausende von Styroporkügelchen, die den Sitzsack äußerst flexibel machten und sich an die Körperformen des Sitzenden anpassen konnten. So weit, so gut, doch brachte dieser ungewöhnliche Sesselersatz einige Probleme mit sich. Für die ältere Generation konnte er zur teuflischen Falle werden. Wer sich einmal hineinplumpsen ließ, kam allein nicht mehr hoch, weil es keinen Widerstand gab, um sich hochzudrücken. Papa, Mama, Opa oder Oma saßen quasi hilflos wie riesige, umgeworfene Krabbelkäfer auf dem Boden und mussten wie gestrandete Wale von der noch aufrechten, meist jüngeren Fraktion der Familie gerettet werden. Die Schwierigkeiten der Kinder und Jugendlichen mit dem Sitzsack fielen nicht auf den ersten Blick ins Auge – sie traten nämlich erst dann auf, wenn das große Toben losging. Sich mit ausgebreiteten Armen einfach so nach hinten in den Sack fallen zu lassen war noch die einfachste Übung. Wilde Sprünge mit Anlauf und einer Landung auf dem Sitzsack waren ein ebenso großartiges Erlebnis, die Bewegungsenergie wurde aufgefangen und von einem weichen Drumherum aus Stoff und Styropor vernichtet. Oder umgekehrt:

Die Bewegungsenergie vernichtete den Sitzsack, zum Beispiel wenn der kleine dicke Sebastian eine Arschbombe vom Sofa auf den Sack machte. POFF! Hunderttausende von Styroporkügelchen erfreuten sich ihrer Freiheit, krochen in jede Ritze der Wohnung, hafteten statisch-elektrisch aufgeladen an allem und jedermann und verwandelten auch das gepflegte Wohnzimmer in ein vollsynthetisches Winterwunderland. So einen Spaß hatte die Generation davor nur, wenn bei der Kissenschlacht das Kissen platzte ...

 »Hol mal Briketts hoch!«

Die Heizenergie heutiger Tage zeichnet sich durch enorme Zuvorkommenheit aus – sie kommt uns quasi automatisch entgegen. Sonnenenergie fällt gleichsam vom Himmel, Öl und Gas kriechen durch Leitungen zum Brenner, bei der Fernheizung weiß kein Mensch, was von wo wohin kommt, aber es ist warm in der Bude. Früher sah das anders aus: In vielen Haushalten war die Heizenergie im Keller gestapelt – in länglich-rechteckigen schwarzen Blöcken aus gepresstem Braun- oder Steinkohlestaub, etwa so groß wie ein Ziegelstein: Briketts. Die dachten aber ganz und gar nicht daran, sich selbst zu verfeuern, sondern mussten zunächst von einem Menschen – meist heranwachsenden Kindern – zum Brenner, sprich Ofen getragen werden. Dazu wurden sie in einer Briketttrage übereinandergestapelt, was den Transport nicht eben leichter machte. Hatte die Lieferung Heizenergie – sechs bis acht Briketts – ihr Ziel erreicht, war dem Kind, das sie transportiert hatte, schon warm genug. Sich über die schwere Arbeit zu beklagen brachte allerdings gar nichts – höchstens den Kommentar »**Als ich in deinem Alter war ...**«. Und dann ging es los mit dem Sermon über die furchtbaren Beschwernisse der väterlichen oder mütterlichen Kindheit. Ja, ja, ihr habt den Suezkanal graben müssen und die Cheopspyramide gebaut ... Als Kind dachte man sich so sein Teil.

Zurück zu den Briketts: Sie wurden übrigens im Lastwagen angeliefert und mussten von der Straße zunächst in den Keller getragen und dort gestapelt werden – auch ganz schön schweißtreibend.

Noch ein Detail zu den schwarzen Klötzen: Es ist gar nicht so einfach, ein Brikett anzuzünden, wenn im Ofen nicht schon ein Feuer brennt. Man wickelte es dazu fest in Zeitungspapier ein, das man dann an einem Zipfel entzündete. Bis der Ofen in der Küche oder der Badeofen neben der Wanne richtig auf Touren kam, konnte es ganz schön dauern.

»Hau doch den Hörer nicht so auf die Gabel!«

Wer aus einer jüngeren Generation versteht heute noch, was geschieht, wenn jemand wutentbrannt den Telefonhörer auf die Gabel knallt? Was bitte ist ein **Telefonhörer** und was, fragt man sich, hat das Essbesteck damit zu tun? Telefone sahen damals ganz anders aus als heute: Jedes Telefon hatte an der Vorderseite eine Scheibe zum Drehen. Damit wählte man die Telefonnummer, und deshalb hieß die Scheibe auch *Wählscheibe*. Zuerst hob man den Hörer aus der **Gabel** – eine Art Ablage am Telefon, die zugleich als Kontakt diente. Wenn man den Hörer abhob, wurde das Telefon mit dem Netz verbunden. Legte man ihn wieder auf – oder knallte man ihn auf die Gabel –, so wurde das Gespräch unterbrochen. Weiter: Der Hörer wurde also abgehoben, die Verbindung war möglich: Nun steckte man den Finger in das Loch mit der passenden Zahl und drehte nach rechts. Dann zog man den Finger heraus und die Wählscheibe schnackelte zurück, wobei das Telefon Geräusche von sich gab – zum Beispiel bei der Ziffer Drei: tack-tack-tack. Oder bei der Sechs: tack-tack-tack-tack-tack-tack. Menschen mit gutem Gehör konnten genau feststellen, welche Nummer gerade gewählt wurde. Leute, die behaupten, die Bedienung der Wählscheibe sei irgendwie schwierig gewesen, waren entweder Volltrottel oder hatten zu dicke Finger. Es war dieselbe Sorte Menschen, die heute auch beim Tastentelefon daneben tatzen. Wie gesagt, die meisten Nummern wusste man nach kurzer Zeit auswendig. Schon deshalb, weil man, wenn der angerufene Anschluss besetzt war, die Nummer noch einmal wählen musste, denn das Telefon hatte keine Wahlwiederholung. Wie auch, bei einer Wählscheibe …

 **»Meine Uhr ist stehen geblieben!«**

Vor 1970 war dieser Satz etwas Alltägliches. Mechanische Armbanduhren mussten täglich aufgezogen werden, sonst standen ihre Zeiger unbeweglich und nutzlos auf dem Zifferblatt. Mit der Erfindung der Quarzarmbanduhr – die übrigens viele für sich beanspruchen – wurden mechanische Uhren Mitte der 70er-Jahre zu Seltenheiten. Quarzuhren waren einfach billiger und präziser, kosteten schon bald nach ihrer Einführung unter 100 D-Mark und der Preis sank immer weiter. Hinzu kam, dass sie keine beweglichen Teile besaßen und daher unempfindlich und zuverlässig waren. Stehenbleiben wegen eines Defektes war der absolute Sonderfall. Dieser Super-GAU (Größter Anzunehmender Uhrendefekt) trat nur alle Jubeljahre auf, nämlich dann, wenn die Batterie der Uhr erschöpft war. Auch die Zeiger verschwanden in diesen Jahren, auf dem digitalen LCD-Display erschienen Zahlen aus Pixeln … Mittlerweile sind übrigens Uhren aus der Frühzeit der Digitaltechnik gesuchte Sammlerobjekte, die neben antiken mechanischen Uhren ihre meist jüngeren Liebhaber gefunden haben. Meisterstücke wie die Omega Seamaster erzielen mitunter vierstellige Preise.

 **»Ich trockne ab!«**

In den fernen Tagen ohne Spülmaschine im Privathaushalt war es in vielen Familien die Aufgabe der Kinder, nach dem Essen den Tisch abzuräumen und Geschirr und Besteck zu spülen – von Hand, richtig mit heißem Wasser und Spülbürste oder -lappen. Dabei kristallisierten sich schnell Vorlieben heraus. Während der eine lieber mit den Händen im warmen Wasser arbeitete, zog die andere es vor, das gespülte Geschirr mit dem Trockentuch blitzblank zu reiben und in die Schränke zu räumen. Ein häufiger Einwurf der Mutter in diesen Tagen lautete: **»Und nimm nicht wieder so viel Spülmittel!«** Meist endete die tägliche Hausarbeit mit dem Satz: **»Morgen bist du aber mit dem Spülen dran!«**

»Erst die Arbeit, dann das Vergnügen!«

Kam dieser Satz aus Opas oder Omas Mund oder waren es die Eltern? Heute, in Zeiten, in denen eher das Motto gilt »Zuerst der Spaß, dann das Vergnügen!«, kommt er etwas altbacken-konservativ herüber. Wobei die saubere Trennung zwischen Arbeit und Vergnügen in vielen kindlichen Köpfen prägend gewesen sein muss, denn ziemlich viele Menschen gehen ungern zur Arbeit und vergnügen sich ausschweifend, wenn sie nur können. Vielleicht war es diese Trennung zwischen Pflicht und Spaß, die es Eltern schon in diesem Jahrzehnt so schwer machte, ihre Kinder für Aufgaben und schulische Leistungen zu motivieren – man lernt schließlich am besten, wenn man Spaß und Interesse an der Sache hat. Doch diese Erkenntnis ist im Laufe der nachfolgenden Jahre und Jahrzehnte wieder verloren gegangen – nicht umsonst wird es immer schwieriger, in Pisa-Studien gute Plätze zu erreichen. Aus dem lustvollen Erobern der Welt wurde im 21. Jahrhundert wieder die Tätigkeit, die man am präzisierten mit dem Begriff Bulimie-Lernen bezeichnet – eine Schande für alle Pädagogen.

»Pass auf, das Kabel!«

Wie oft haben wir diesen Satz gehört, wenn wir in der Wohnung herumtobten? Schuld war das Telefon. Es ist wirklich wahr, man konnte früher sein Telefon nicht mitnehmen! Früher stand das Telefon, dieses Gerät mit der Wählscheibe in Grau oder Schwarz, an einem festen Platz und war mit einem Kabel an der Wand angeschlossen. Man konnte es kaum einen halben Meter hin und her bewegen. Die meisten Leute wollten es auch nicht bewegen, sondern einfach nur telefonieren. Das musste schnell gehen, denn es kostete damals noch richtig Geld, besonders die Ferngespräche, und da man die Unterhaltung im Stehen neben dem Telefon abwickelte und es sich nicht allzu bequem machen konnte, beeilte man sich. Wer das Telefon doch bewegen wollte, weil er lieber von einem bequemen Sitzplatz aus sprach und vielleicht schon ahnte, dass man eines Tages Telefone einfach mitnehmen können würde, der beantragte ein längeres Kabel bei der Post und zahlte eine monatliche Gebühr – man stelle sich vor, eine Gebühr für ein Kabel! Die Post war damals noch für alle Telefone im Land zuständig. Wer ein längeres Kabel hatte, Gebühr hin oder her, war ausgesprochen glücklich darüber, denn er konnte sein Telefon vielleicht bis zum Sofa tragen. Meist stolperte dann aber irgendein Familienmitglied über die Schnur und riss sie aus der Wand. In vielen Fällen war das Opa, der dann über die Schei…technik schimpfte. Dann war erst einmal Schluss mit dem Telefonieren, bis ein Techniker von der Post kam. Das konnte dauern.

 ## »Mist! Schon wieder Bandsalat!«

Meist stießen die Eltern oder die älteren Geschwister diesen Fluch aus, die Technik verlangte damals aber auch alles von ihnen. Bandsalat kann man nicht essen, aber er nervte furchtbar. Wenn durch irgendeine Störung oder einen technischen Defekt das ungefähr vier Millimeter breite Tonband aus einer Musikkassette herauskam, verwickelte es sich oft zu einem unentwirrbaren Knoten ähnlich der sogenannten »Perücke«, die Angler kennen, wenn sich die Angelschnur verwickelt. Man musste dann mit einer Schere und anderen Werkzeugen versuchen, das Durcheinander zu entwirren und das Band wieder sauber aufzurollen. Hierzu verwendete man einen Bleistift, der ziemlich genau in das Transportzahnrad der Kassette passte. Die tatsächliche Abwicklung dieses Vorgangs konnte übrigens Stunden dauern. Oft half nur ein schneller Schnitt – und die beiden Teile des Bandes mussten mit einem winzigen Stück Tesafilm wieder verbunden werden. Dazu gehörte einiges Geschick, aber man machte sich viel Mühe, denn oft war auf der defekten Kassette ausgerechnet das Lieblingsmusikstück. Wenn man Glück hatte – sehr viel Glück –, lief das Band anschließend, abgesehen von einem unangenehmen Geräusch an der Klebestelle, fast wieder einwandfrei. Sehr häufig kam es aber auch vor, dass man es an der Schnittstelle verdreht angeklebt hatte. Weil beide Seiten des Kassettenbandes bespielt waren, hörte man dann plötzlich die Musik auf der Rückseite des Bandes, aber eben rückwärts – ein besonderer Genuss.

 »Der Lumpensammler kommt!«

Viele ältere Menschen, vielleicht auch deine Großeltern und Eltern, haben den Klang der Blechflöte noch im Ohr, mit der sich der Schrotthändler, genannt Lumpensammler oder Klüngelskerl, ankündigte. Er nahm alles mit, was sich zu Geld machen ließ, vom Altmetall über das Altpapier und Lumpen bis zu schrottreifen Fahrrädern. Unser Schrotthändler fuhr ein Dreirad der Marke

DKW – hinten unter der Ladefläche zwei Räder, vorn nur eines. Angetrieben wurde das Fahrzeug von einem streng duftenden Zweitaktmotor. Irgendwann in den 80er- oder 90er-Jahren starben die Schrotthändler dann aus, weil die Preise für Altmetall und sonstigen Müll eine ganze Zeit lang zu niedrig waren. Jetzt, da die Rohstoffe knapp und immer teurer werden, sind wieder Schrotthändler, unterstützt von traditionellen Klängen unterwegs, nur dass das Flötenspiel jetzt vom Tonband oder einer CD kommt. Gibt es irgendwo die CD *Das Lied des Lumpensammlers* zu kaufen?

 »Wir gehen Leckmuscheln kaufen!«

Wann hast du zuletzt jemanden »Leckmuschel« sagen hören? Und hat das Wort nicht im Pornoumfeld der 2010er-Jahre seine Unschuld verloren? Leckmuscheln waren sehr praktische Süßigkeiten, die man, anders als zum Beispiel Bonbons oder Dauerlutscher, in Etappen essen konnte. Nichts klebte auf der Unterlage fest, wenn man irgendwo seine Leckmuschel bis zur nächsten Leck-Session ablegte. Hinzu kamen im Laufe der Jahre die attraktiven Farben der Herzmuscheln aus Plastik – anfangs waren sie alle weiß. Auch die Bonbonmasse in der Muschel wurde später ansprechend gefärbt. Woraus der Inhalt dieser Süßigkeiten bestand – vermutlich Zucker, Aromastoffe und Lebensmittelfarbe – interessierte uns damals nicht. Man schleckte – und es schmeckte. Außerdem hatten Leckmuscheln den Vorteil, dass man sie für ein paar Groschen überall bekam, ob im Kiosk oder einer Trinkhalle – eine Vergnügung, die das kindliche Taschengeldbudget nicht sprengte.

 # »Ein alter Mann ist kein D-Zug!«

Der alte Mann, das war Opa, der diesen Spruch immer dann gebrauchte, wenn ihn jemand zu hetzen versuchte. Was aber ist ein D-Zug, fragt sich vielleicht ein Vertreter jüngerer Jahre. Der Buchstabe D steht für Durchgang – ein D-Zug war also ein Durchgangszug, der nur an wenigen wichtigen Bahnhöfen hielt, und damit sozusagen ein früher Vorläufer des ICE. D-Züge gab es seit 1892, sie waren besonders komfortabel ausgestattet und für ihre Zeit bewundernswert schnell. Opas Spruch hat sich allerdings nicht an die neuen Gattungsbegriffe für Eisenbahnzüge angepasst, denn den Satz »Ein alter Mann ist doch kein ICE!« hat man vermutlich noch nie gehört.

 # »Mein Kassettenrekorder eiert!«

Gerade noch hatten wir Bandsalat, und jetzt das: Die Medienzentrale im Haushalt mit Kindern und Jugendlichen, das Gerät mit dem schmalen Tonband in der Kassette, Kassettenrekorder genannt, tat schon wieder nicht das, was es tun sollte. Stark strapaziert konnte es schon einmal vorkommen, dass der Gleichlauf des Gerätes – wichtig für die Qualität der Wiedergabe – aus dem Gleichgewicht kam. Vielleicht war es die klebrige Coca-Cola, die gestern versehentlich über und ein wenig auch in das Gerät geflossen war, vielleicht aber auch der gnadenlose Dauerbetrieb zum Aufzeichnen und zur Musikwiedergabe. Diagnose: ausgeleierte Antriebsriemen. Wenn der Kassettenrekorder eierte, war die Welt nicht mehr in Ordnung, Bastlerväter und -großväter nahmen dann das Gerät auseinander, aber nur selten gelang eine Reinigung oder Reparatur – meist machten sie es komplett kaputt. Dann hieß es warten: »Du kannst dir ja so ein Teil zum nächsten Geburtstag wünschen!«

 ## »Bück dich!«

Habt ihr diese Horrorworte auch noch in der Schule gehört? Wurdet ihr auch noch vom Lehrer verhauen? Es ist kaum zu glauben: Bis in die 70er-Jahre haben Lehrer ihre Schüler geschlagen, in Bayern sogar bis in die 80er. Der Autor selbst hat die Prügelstrafe noch erlebt; ein Lehrer in der Grundschule schlug »unartigen« Kindern regelmäßig mit dem **Rohrstock** auf die Finger, ohne dass sich irgendjemand – außer den Kindern – darüber beschwerte. Ohrfeigen, »Kopfnüsse« und Schläge mit einem Lineal oder Rohrstock auf die Handflächen oder den Po der Schüler waren an der Tagesordnung. Heute würde ein Lehrer für so ein Verhalten vom Dienst suspendiert. Noch im Gymnasium warf ein Studienrat mit einem gewaltigen Schlüsselbund nach unruhigen Schülern, also auch nach dem Autor. Er hat übrigens nicht getroffen.

 ## »Ich will auch 'ne Schlaghose!«

Kleinere Kinder erinnern sich noch an die Kämpfe zwischen den älteren Geschwistern und Vater und Mutter, etwas ältere an die eigenen Auseinandersetzungen: Die sogenannten Schlaghosen mit weit ausgestelltem unterem Beinbereich waren ausgezeichnete Hilfsmittel der modischen Provokation auf männlicher Seite – dementsprechend beliebt waren sie bei den Eltern. Vorbild für die Jugendlichen waren Bands wie etwa The Lords, die zu den Schlaghosen auch noch Rüschenhemden trugen – glücklicherweise blieb diese zweite modische Komponente der Allgemeinheit weitgehend erspart. Mit Distanz betrachtet, wirkten Schlaghosen schon etwas abstrus, denn manches Hosenbein war unten so weit ausgestellt, dass nur noch die Schuhspitze – meist spitze Boots – hervorschaute. Mehr noch: In die Hardcore-Schlaghose war unten ein dreieckiger Keil aus farbigem Stoff eingenäht, der das Ganze noch auf die Spitze trieb, die sogenannte Kellerfalte, die manchmal auch noch mit einem Goldkettchen zusammengehalten wurde. Wer mit so etwas aufschritt, war der King. Für die meisten Jungen blieb die Schlaghose aufgrund häuslicher Verbote ein Traum, und deshalb beneideten wir heimlich die Zimmerleute, zu deren Zunftkleidung Schlaghosen gehörten, wenn auch mit etwas zu viel Hochwasser …

»Fahr aber nur auf dem Bürgersteig!«

Das neue **Bonanzarad** musste dringend ausprobiert werden, und obwohl es für ein Kind weitaus weniger gefährlich als heute war, sich im Straßenverkehr zu bewegen, waren die Mütter und Väter stets voller Sorge. Der Fahrradhelm war schon erfunden, wurde aber noch nicht flächendeckend getragen, und damit die Kinder nicht etwa im stärker werdenden Autoverkehr Schaden nahmen, nutzten sie die Bürgersteige als Fahrradwege. Manchmal half nur Klingeln und ein laut gerufenes »**Vorsicht, Fahrrad!**« Während sich die Eltern sorgten, war die erste Fahrt auf dem Bonanzarad unter den Augen der anderen Kinder – ohne ein solches wunderbares Fahrrad – ein Weg voller Freude und Stolz. Und alle stellten mit Blicken voller Bewunderung und Neid dieselbe Frage: »**Darf ich auch mal fahren?**«

 ## »Steck noch ein Trinkpäckchen ein!«

Aus irgendeinem Grund waren Mütter in diese Dinger verliebt – weil sie so klein und niedlich waren? Jeder, der in den 70ern oder 80ern Kind war, kann sich daran erinnern, so etwas im Schulranzen oder im Rucksack bei sich getragen zu haben. Es war schon praktisch, etwas Trinkbares so einfach transportieren zu können, denn undicht wurden sie nie, es sei denn, jemand setzte sich auf die Tasche oder den Tornister, in dem sie sich befanden. Was die Eltern jener Tage aber offenbar völlig ausblendeten: Sie versorgten ihre Kinder mit wahren Zuckerbomben voller künstlicher Aromen, die durch den Zusatz von Säuerungsmitteln auch besonders effektiv gegen gesunden Zahnschmelz wirkten. Der Fruchtanteil ging und geht gegen Null, aber die Kalorien schlagen kräftig zu: Schwimmring garantiert. Weitere Aggressoren: fragwürdige Vitamine, in unsinnigen Mengen in der Plörre enthalten. Das wirklich Teuflische daran ist die Langzeitwirkung: Kinder, die selbst Trinkpäckchen bekommen haben, versorgen als Eltern und Großeltern auch heute noch ihre lieben Kleinen mit demselben »Getränk« …

 ## »Wenn ich nach Hause komme, krieg ich den Arsch voll!«

Wer diesen Satz nicht selbst sagen musste, konnte froh sein. Gewalttätige Väter, die ihre aggressiven Bestrafungen auch noch für Erziehungsmaßnahmen hielten, gab es in diesem Jahrzehnt noch in großer Anzahl. Den betroffenen Kindern war es irgendwann egal – sie ertrugen die Schmerzen der Prügelstrafe mit stoischer Gelassenheit und dachten sich ihren Teil dabei. Mehr noch: Sie nutzten diesen Satz, die Erwartung einer Abreibung, sogar noch als Statussymbol – was für ein cooler Typ, der die Aussicht auf Bestrafung so gelassen ausspricht! Erreicht hat diese Form von Pädagogik nichts – außer vielleicht, dass die kindlichen und jugendlichen »Täter« in der Verschleierung ihrer verbotenen Handlung dazulernten und wahre Meisterschaft erreichten. Ein Teil der Betroffenen wurde allerdings nur wenige Jahre später selbst zu Tätern.

»12 Zylinder, 269 PS, 240 km/h!«

Diesen Satz sagte meist ein Sieger, nämlich beim **Autoquartett**. Er hatte die Leistungswerte des Jaguar E-Types genannt. Statt beim Autoquartett wie bei anderen Quartetten vier gleiche Karten zusammenzutragen, erfanden die Jungs vermutlich schon in den 60er-Jahren eine andere Spielweise: Jeder der zwei bis vier Mitspieler erhielt gleich viele Spielkarten, die er gestapelt in der Hand hielt. Für einen Spielzug war jeweils die oben liegende Karte von Bedeutung. Ein Spieler nannte einen der Werte, die für das Fahrzeug angegeben waren: »Acht Zylinder!« oder »Spitze 212 km/h!« Die anderen verglichen ihre Werte damit und hatten entweder gewonnen oder verloren. Wer die besten Zahlen vorweisen konnte, erhielt alle Karten dieses Spielzuges. Sieger war, wer schließlich das gesamte Quartettspiel in Händen hielt. Unschlagbar war letztlich keine der Karten: Der Jaguar E-Type war nur in einer der ersten Ausgaben des Autoquartetts der Schnellste und von der Leistung her der Stärkste. Später kamen in neuen Kartensets des Spiels andere, durchaus heißere Boliden hinzu, wie sie auch auf den Straßen erschienen.

 »Darf ich *Der kleine Maulwurf* gucken?«

Er begleitete Kinder (und immer auch Erwachsene) von 1957 bis 2002, und die kurzen Geschichten, in Deutschland meist in der *Sendung mit der Maus* ausgestrahlt, spielten in einer heiteren, in sich geschlossenen Welt, waren lustig und spannend und leisteten das, was andere Sendungen großspurig für sich reklamierten: Sie waren »kindgerechtes« Fernsehen. Gut, sie wirken verglichen mit *SpongeBob Schwammkopf* ein wenig betulich und altbacken, passten aber zum Puls der Zeit, der damals noch nicht unter Tachykardie litt. Einen besonderen Satz aus diesen Tagen hinterließ uns der Maulwurf leider nicht, er hat sich in der kindlichen Sprache kein Denkmal gesetzt; nur in den ersten Filmen sprach er noch – meist tschechisch –, später blieb er stumm und war dennoch durch sein Tun auf der ganzen Welt zu verstehen. Entsprechend wurde er in

80 Ländern zu einem Erfolg und viele Kinder haben jede Einzelne der 64 Episoden gesehen, die gedreht wurden. Sogar im Weltall war der Maulwurf: Er reiste als Plüschtier in der Raumfähre *Endeavour* mit, und nach der Landung wurde er von Astronaut Andrew Jay Feustel seinem Erfinder und Zeichner Zdeněk Miler übergeben.

 »Was ist denn das für ein Eumel?«

Ursprünglich erblickten Eumel vermutlich als Gardinenschädlinge das Licht der Welt, fies aussehende, glutäugige Kugelmonster mit hängenden Armen und einem mörderischen Gebiss, das sie einsetzten, um Muttis geliebte Fensterdekoration irreparabel zu zerstören. Mit der Zeit aber erweiterten sie ihr destruktives Tätigkeitsfeld auf alle möglichen Regionen der Sprache, bürgerten sich als Begriff für etwas Sonderbares ein, biederten sich als Bezeichnung für eine eigenartige Person an – Dummkopf, Unsympath, Freak – oder klebten sich als Etikett an eine Sache, für die es sonst keine Bezeichnung gab oder die der Sprecher nicht kannte – Eumel überall. Je länger das Wort in Gebrauch war, desto bedeutungsloser wurde es und desto versessener waren alle darauf, »Eumel« zu sagen. Ein Segen, dass es irgendwann in Vergessenheit geriet.

»Komm raus! Wir spielen Gummitwist!«

An manch einem sonnigen Nachmittag in den wärmeren Jahreszeiten begann alles mit diesem auffordernden Ruf von draußen nach drinnen. Gummitwist, das war eine großartige sportliche Freizeitbeschäftigung, die sicher mit dafür verantwortlich war, dass die meisten Kinder in diesem Jahrzehnt noch nicht unter Fettleibigkeit litten. Alles, was man dafür brauchte, war ein etwa drei Meter langes Gummiband, zum Beispiel aus Durchzugsgummi für Unterhosen, im Handel für Kurzwaren erhältlich. Spielzeuggeschäfte boten auch spezielle Gummitwist-Bänder an. Und so wurde es gemacht: Zwei Spielerinnen – Jungen spielten nur sehr selten mit, Gummitwist war »Weiberkram« – stellten sich gegenüber auf und spannten das Gummi zunächst um ihre Fußknöchel. Eine dritte Mitspielerin – die Springerin – stellte sich in die Mitte und musste nun bestimmte Sprünge, Drehungen und verschiedene Schrittstellungen über dem Gummi absolvieren. Mit der Zeit wanderte das Gummiband immer weiter nach oben: Knöchel – Wade – Knie – Po – Hüfte – und damit steigerte sich der Schwierigkeitsgrad der Sprünge, bei denen zum Beispiel beide Füße zwischen den Bändern stehen mussten, bei einer Grätsche dann wieder außen, oder beide Füße mussten genau auf das Gummi gesetzt werden. Schaffte die Springerin eine Übung nicht, so löste sie eine andere Mitspielerin ab, die Rollen wurden getauscht. Hatte aber die Springerin alle Aufgaben bewältigt, hörte man das Kommando »Raus!« Es leitete den Schlusssprung ein: Die Spielerin hüpfte mit beiden Füßen zu einer Seite weg. Vielfach untermalten die Spielerinnen ihre Übungen mit Versen im Sprungrhythmus wie etwa: **»Seite, Seite, Mitte, Breite – Seite, Seite, Mitte, raus!«**

 »Flutschfinger ist mein Lieblingseis!«

Es ist wieder zu haben, das Eis am Stil in Form einer geballten Hand mit ausgestrecktem Zeigefinger! Heute bekommst du dieses klassische Speiseeis in Grün-Gelb-Orange, die Farben jeweils den Geschmacksrichtungen Limette, Erdbeere und Orange zugeordnet. In den 70er-Jahren kostete es, wenn ich mich recht erinnere, 80 Pfennig und zählte damit zu den preiswertesten Eissorten am Kiosk. Das aromatisierte Wassereis war trotzdem ein Hochgenuss – ob es heute noch genauso gut schmeckt wie damals?

Hin und wieder wechselte Flutschfinger übrigens aus patriotischen Gründen die Farbe: Während der Fußball-Weltmeisterschaft 2006 und auch zur Europameisterschaft 2012 erstrahlte der Flutschfinger in leuchtendem Schwarz-Rot-Gold, als »Flutschfinger Heimspiel« (2006) und »Flutschfinger Sonderedition« (2012). Die zugehörigen Geschmacksrichtungen: Cola (die Spitze), Erdbeere (die Mitte) und Orange (das untere Stück).

»Hol mal die Brötchen rein!«

Eine schöne Aufgabe für die Kinder am Morgen, denn vielerorts standen jeden Morgen Brötchen vor der Haustür. Einfach so. Heute wird es als neue Geschäftsidee verkauft, aber schon in der Frühzeit der Bundesrepublik war er gang und gäbe: der Brötchenlieferdienst. So mancher fand es wunderbar, wenn er oder sie morgens noch im Schlafanzug die Haustür öffnen konnte und eine Tüte mit duftenden Brötchen auf der Türschwelle fand. Wer das einmal kennenlernen durfte, vermisst es sehr. Deshalb stehen heute zumindest sonntags die Familienväter in Trainingsanzügen in der Bäckerei Schlange, um frische Brötchen zu holen.

»Wenn ich groß bin, werde ich Astronaut!«

Astronaut erschien vielen noch als ein Beruf mit Perspektive, und das, obwohl die Anzahl der Planstellen relativ begrenzt ist. Aber es gab Alternativen: Modegestalterin, Lokomotivführer, Tierpflegerin, Drachentöter, Sängerin, Millionär, Kriminalkommissarin oder Raketeningenieur. Wie oft man diesen Satz mit jeweils variierendem Beruf als Kind gesagt oder gehört haben muss, bis man zu einer Entscheidung über den tatsächlichen Werdegang in der Lage war, vermag niemand zu sagen, aber es ist schon erstaunlich, wie früh wir Kinder über unsere berufliche Zukunft nachzudenken begonnen haben. **»Was willst du mal machen, wenn du groß bist?«** – Diesen Satz müssen Erwachsene eigentlich nicht allzu häufig gebrauchen, denn Kinder haben bereits Zukunftspläne.

»Das hast du gezeichnet? Niemals! Du hast abgepaust!«

Heute dürfte kaum noch jemand wissen, was das Verb »abpausen« bedeutet, und auch das Pauspapier ist keine allgemein bekannte Papiersorte. Abpausen kann man mithilfe von transparentem Papier – die Vorlage scheint hindurch und lässt sich mühelos nachzeichnen. Oder aber auch mit ganz gewöhnlichem Papier, wenn man die Vorlage und ein weißes Blatt zum Beispiel gegen eine Fensterscheibe hält oder beides auf einen Leuchtkasten legt. Manchmal war das Blaupapier damit gemeint, auch Kohlepapier oder Durchschlagpapier genannt, mit dessen Hilfe man zumindest den Umriss einer Zeichnung auf ein neues Blatt bringen konnte. In Zeiten von Scanner, Kopierer, digitaler Vervielfältigung und Modifikation paust kaum noch jemand etwas ab. Wenn du also den Satz oben hörst, handelt es sich dabei um eine fast vergessene Nachricht aus deiner Kindheit.

»Jetzt tu mal nicht so etepetete!«

Da hattest du deinen Sonntagsanzug an und die strikte Anweisung deiner Eltern im Kopf, dich ja nicht schmutzig zu machen, und ausgerechnet zu diesem Zeitpunkt trafst du deine besten Freunde. **»Los, komm mit auf'n Platz, pölen!«** So heißt Fußballspielen im Ruhrgebiet. Diese Aufforderung ließ keinen Widerspruch zu, denn sonst hättest du genau den Satz oben gehört. Das Ergebnis war meist verheerend, denn der »Platz« war nichts weiter als eine

matschige Wiese mit ein paar Pfützen zusätzlich oder ein Vorstadt-
fußballplatz mit roter Asche. Was du zu Hause zu hören bekommen
würdest, war von vornherein klar: **»Wie kann man sich nur so
einsauen? Zwei Wochen Stubenarrest!«** Aber das Spiel mit den
Jungs war einfach großartig.

 ## »Nicht schon wieder Nudelsalat!«

Irgendwann bekam in diesem Jahrzehnt jeder diesen Satz zu hören
oder sprach ihn selbst aus, wenn es um die Lebensmittelversorgung
bei einer Fete oder Party ging. Nudelsalat war (und ist) einfach zu
praktisch, dazu preiswert und wohlschmeckend, und es gab schon
eine ganze Reihe von Varianten – mit oder ohne Mayonnaise, mit
oder ohne Ei, mit oder ohne Gurken, mit oder ohne Fleischwurst,
mit oder ohne Tomaten, mit oder ohne dies und das, aber auf jeden
Fall mit Nudeln. Bevorzugte Sorte war Spirelli. Nur: Wer gern,
ausgiebig und oft feierte, dem kam das Zeug bald aus den Ohren
heraus – egal nach welchem Rezept hergestellt. »Nicht schon wieder Nudelsalat!« Kinder konnten diesen Satz allerdings meistens
nicht verstehen – ihnen schmeckte Nudelsalat immer. Für die Erwachsenen gab es noch Kartoffelsalat als Alternative, warm oder
kalt, mit oder ohne … Schon klar, oder? Man könnte die Theorie
vertreten, dass sich die Partyküche künftiger Jahrzehnte bis zum
heutigen Zeitpunkt einfach aus der Not entwickelt hat, sich vor
einem Übermaß an Nudel- und Kartoffelsalat zu retten.

»Was hast du Schlingel denn jetzt schon wieder angestellt?«

Kinder hörten diesen Tadel eigentlich gern, denn er beinhaltete eine Spur Augenzwinkern und eine Prise Bewunderung. Auch ein wenig nostalgische Erinnerung an die eigene Kindheit schwang bei den Erziehern mit. Wenn es wirklich zur Sache ging, griffen die Erwachsenen sprachlich zu größeren Kalibern. Wer verbale Kopfnüsse wie **»Verdammter Satansbraten!«** oder **»Warte, wenn ich dich in die Finger kriege!«** zu hören bekam, tat gut daran, wirklich schnell von der Bildfläche zu verschwinden. Ein Schlingel hingegen konnte vergleichsweise mit Nachsicht rechnen. **»Du-du-du! Das machst du aber nicht noch mal!«**

»Wenn du noch tiefer in der Nase bohrst, bricht dir der Finger ab!«

Die Untersuchung der eigenen Nase zur Gewinnung von Popeln sahen die Erwachsenen bei ihren Kindern gar nicht gern, doch sie konnten keine wirklich stichhaltige Begründung gegen dieses Verhalten anführen. **»Messer, Gabel, Schere, Licht sind für kleine Kindern nicht!«** war hier nicht zu gebrauchen, weil von Fingern nicht die Rede ist. Also erfanden sie ein Märchen zur Abschreckung – der Struwwelpeter lässt grüßen.

Andere derartige Lügen:

- »Wenn du nur zum Spaß schielst, könnte es sein, dass deine Augen so stehen bleiben.«

- »Wenn du die Apfelkerne mitisst, wächst dir ein Apfelbaum im Bauch!«

- »Cola frisst die Leber auf!«

- »Vom Lügen kriegt man eine lange Nase.«

Und für die pubertierenden Jugendlichen gleich eine Reihe von lustfeindlichen Lügen:

- »Onanie macht taub.«

- Oder in gereimter Form: »Onanie stärkt das Hemd und schwächt die Knie.«

- Oder trivialmedizinisch: »Onanieren führt zu Rückenmarksschwund.« Was immer das sein mag …

 »Mach mal die Lavalampe an!«

Den Erwachsenen versprach die neue Leuchte romantische Abende im rot-orangen, leicht verruchten Licht aus dem raketenförmigen

Leuchtobjekt, die Kinder verfolgten aufgeregt aufsteigende und kollidierende Blasen. Alle bestaunten diese großartigen Effekte und dachten dabei nicht daran, dass die freigesetzte thermische Energie einer einzigen Glühlampe genügte, die Flüssigkeiten – Wasser, Wachs und Öl – im Lampenkörper in derart magische Bewegung zu versetzen. Leider hielt der Zauber nicht lange, und schon bald vergaß man, die Lavalampe einzuschalten …

 »Was willst du denn, Tussi?«

Tusnelda ist eigentlich nichts weiter als ein weiblicher Vorname, klang in den Ohren der damaligen Zeit doch so fremd, dass der Name zur Bezeichnung für ein sonderbares Mädchen oder eine irgendwie aus dem Rahmen fallende Frau benutzt wurde. **»Watt is datt denn füa 'ne Tusnelda?«,** fragte sich so mancher männliche Experte im Ruhrgebiet, konfrontiert mit einem Weib, das ihm irgendwie merkwürdig vorkam. Effektiv, wie Sprache sich nun einmal entwickelt, kam es im Laufe der Zeit zu einigen Kürzungen. Schon bald titulierten sich konkurrierende Frauen gegenseitig als Tussi; die Tussi und nicht etwa Tusnelda saß als Beifahrerin im Opel Manta, ein oberflächliches, blondes Dummchen. Auch ohne Manta – die Tussi ist uns bis heute erhalten geblieben, nur die Dummheit hat manchmal die Seiten gewechselt. **»Ey, Tussi, hasse jez auch iPhone?«**

»Heute habe ich Ihnen eine Steinlaus mitgebracht, das kleinste Nagetier unserer Heimat.«

Mit diesem Satz leitete Bernhard Grzimek alias Loriot seine Sendung über ein fiktives Lebewesen ein, das vor allem an einer Stelle unsterblich wurde: in den Köpfen der Menschen, auch wenn der fiktive Biologe betroffen feststellt: »Wie schon so viele Geschöpfe auf unserer Erde hat der Mensch auch diesen possierlichen kleinen Kerl durch übertriebene Hygiene und den rücksichtslosen Gebrauch von Sprayflaschen so gut wie ausgerottet!« Die Steinlaus (*Petrophaga lorioti*) ist ebenso wie der Fake-Grzimek eine Erfindung des Humoristen und Karikaturisten Loriot. Als das gezeichnete Nagetier 1976 in einem Sketch in Loriots Fernsehsendung erschien, hielt es sofort Einzug in die Welt der fiktiven Zoologie und ist von dort nicht mehr wegzudenken. Es hinterließ seine Spuren nicht nur im kollektiven Bewusstsein, sondern auch im medizinischen Wörterbuch *Pschyrembel* und anderen wissenschaftlichen und populärwissenschaftlichen Veröffentlichungen. Besonders die Kinder waren fasziniert von diesem lustigen Geschöpf, zeichneten es in langweiligen Schulstunden in ihr Aufgabenheft, variierten es ihrer eigenen Erfahrungswelt entsprechend und schufen zum Beispiel ähnliche Existenzen wie den kleinen grünen Steinbeißer, der in Felsgestein lebte. Man stellte sich mathematische Scherzfragen wie diese: Wie lange braucht ein 15 Kilo schwerer Stein, bis er in einem 30 Meter tiefen Loch den Grund erreicht? Antwort: Unendlich lange, denn in 3 Meter Tiefe sitzt der kleine grüne Steinbeißer und frisst den Stein auf. Im Laufe der Jahrzehnte entstanden auch in der Welt erwachsener Wissenschaft humoristische Lebewesen wie *Lumbricida ossiensis* und *Lumbricida wessiensis*, aus denen wiederum durch eine Zufallskreuzung *Lumbricida berliniensis* hervorging, eine Regenwurmart, die sich ausschließlich von Beton, Mörtel und Bauabfall ernährt und die nach dem Fall der Mauer vom Aussterben bedroht ist.

»Los, wir machen Flaschendrehen!«

Neben Strip-Poker war Flaschendrehen die verwegenste Beschäftigung auf den Partys von Teenagern, weil man seine Mitmenschen zu Tätigkeiten manipulieren konnte, zu denen sie bei klarem Verstand und ohne Flasche – die vermutlich zuvor ausgetrunken wurde – nicht bereit gewesen wären. Nun aber zeigte die Flasche auf eine Person, die handeln musste … Was zu tun war, hing von der mehr oder weniger schmutzigen Fantasie der Mitspieler ab. Erwachsene wie auch Kinder spielten zum Beispiel »Wahrheit oder Pflicht« – derjenige, auf den die Flasche zeigte, musste eine Frage wahrheitsgemäß beantworten, zum Beispiel »Wie viele Jungen/Mädchen hast du schon geküsst?« oder »Hast du schon mal in der Schule gepfuscht?« oder »Wovor hast du am meisten Angst?« Weigerte sich der Delinquent zu antworten, so musste er oder sie zum Beispiel ein Tier imitieren, Mutters Stöckelschuhe anziehen, einen Breakdance aufführen, Erdbeerjoghurt mit Senf essen oder den großen Zeh in den Mund nehmen.

 ## »Du verflixter Rotzlöffel!«

Der Rotzlöffel ist kein tatsächlich existentes Werkzeug, sondern eine Ableitung von der Rotznase, einer Bezeichnung, die für ein mutiges Kind mit laufender Nase verwendet wurde. Ein Rotzlöffel verhält sich frech, widerspenstig und arrogant und setzt dreist Dinge in die Tat um, an die sich andere Kinder nicht heranwagen würden. Wer so bezeichnet wurde, war in den Augen der Erwachsenen schon ein übles Subjekt und hätte auch anders beschimpft werden können: **»Schlimmer Finger!«** In jenen Tagen konnte es auch sein, dass der so bezeichnete Täter in Gefahr war, als schwer erziehbar eingestuft zu werden und Karriere in der »Hilfsschule« zu machen.

 ## »Mama, ich will TRi TOP!«

Cola oder Limo? TRi TOP brachte Leben in die Eintönigkeit der Erfrischungsgetränke, weil alles so schön bunt war und man aus verschiedenen Geschmacksrichtungen wählen konnte. TRi TOP lockte nicht nur die eigenen, sondern auch die Nachbarskinder an, denn der Vorrat in der Flasche erschien irgendwie unerschöpflich, weil ja aus jedem einzelnen Liter viel größere Volumina an fertigem Getränk hergestellt werden konnten. Geliefert wurde der süße Sirup in Glasflaschen, die einer Lavalampe nicht unähnlich sahen, und es gibt durchaus eine Verschwörungstheorie, die genau dies besagt: Zuerst war da die TRi-TOP-Flasche und erst dann kam die Lavalampe. In angemessener Weise mit Wasser verdünnt, entstand aus TRi-TOP-Sirup ein durchaus genießbares Getränk. Kinder liebten es, wenn der Verdünnungsfaktor gering und der Zuckergehalt höher war. Verwegene Zeitgenossen allerdings vermischten – auch unter dem Einfluss verschiedener rauchbarer Kräuter – unterschiedliche Sorten miteinander und erhielten so in Geschmack und Farbe geradezu außerirdisch-kosmische Limonaden. In die seriöse Welt der Cocktails wie andere Erfrischungsgetränke – Cola, Ginger Ale, Tonic Water – schafften es TRi-TOP-Derivate allerdings nie.

 ## »Petze! Petze! Petze!«

Der sprachliche Auslöser für das »Petze«-Geschrei war meist einer der folgenden Sätze: »Mama, der Peter hat mich gehauen!« oder »Papa, die Moni hat vom Pudding genascht!« oder »Mama, der Paul spielt unter der Bettdecke an sich rum …« Oha! Nein, Denunzianten sind nirgendwo beliebt, auch wenn sie vor tatsächlich existierenden Gefahren warnen. Auch in der Schule war das Petzen verpönt und konnte ein Kind schnell in eine Außenseitersituation bringen, nämlich dann, wenn ein beliebtes Kind verpetzt wurde und die ganze Klasse als Publikum dabei war. Petzen führte zu wahren Abstürzen auf der Beliebtheitsskala.

 ## »Ich hol mir was Süßes!«

Nein, wirtschaftlich sinnvoll nutzten Kinder das knappe Taschengeld wirklich nicht. Meist setzten sie es in Brausebonbons, rote

Schnüre, Mäusespeck, Fritt-Stangen oder Leckmuscheln um, sobald sie es in Händen hielten. Das Angebot war ja auch zu verlockend: Da gab es die **Ahoj-Brause** in den Geschmacksrichtungen Orange, Zitrone, Himbeere und Waldmeister oder **Pop Rocks**, kleine Brocken aus Kristallzucker mit eingeschlossenem Kohlendioxid, die im Mund quasi explodierten. Es lockten die **Hubba-Bubba-Kaugummirolle**, unglaubliche 1,80 Meter lang und das ideale Material für riesige Kaugummiblasen, und **Muh-Muhs** – Toffees, so lecker und vor allem so weich, dass man Unmengen davon verputzen konnte. Aufgehört haben die Kinder dieser Tage erst dann, wenn ihnen schon ein wenig schlecht wurde und ihr Blutzuckerspiegel vermutlich astronomische Höhen erreicht hatte. **Bazooka-Kaugummi** enthielt in der Packung kleine Comicstrips – noch ein Grund mehr, sein Taschengeld auszugeben.

»Iiih! Was ist denn das für ein Glibber?«

Ein Spielzeug namens **Slime** faszinierte in diesen Tagen Kinder und Erwachsene. Während man anderenorts begann, sich intensiv den Kopf über Weichmacher in Plastik zu zerbrechen, spielten die Kinder mit dem zugegeben lustigen Chemiecocktail, der ihnen zwischen den Fingern zerrann. Pädagogen priesen die interaktive Erfahrung und didaktischen Qualitäten des neuen Spielzeugs, Kinder fanden eher Freude an dem unterhaltsamen Ekelfaktor des meist giftgrünen Produktes, das in einer kleinen Mülltonne gekauft werden konnte. Besonders giftig war das ein wenig erschreckende

Produkt aber nicht, es sollte nur nicht in die Haare geschmiert werden oder mit den Augen in Kontakt kommen. Auch Kinder, die kleine Mengen Slime verspeisten, überlebten ohne Schaden. In der Folgezeit kamen zahlreiche Nachahmerprodukte auf den Markt, welche immer wieder neues Gruseln bei Kindern und Erwachsenen auslösten. Vermutlich laufen dir schon dieselben Schauer der Ekelwonne über den Rücken, die du damals verspürt hast, wenn du das Wort nur hörst oder liest.

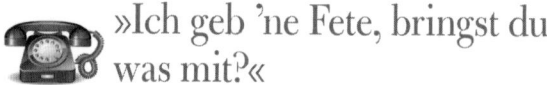 »Ich geb 'ne Fete, bringst du was mit?«

Wer besonders cool sein wollte, feierte keine (saubere) Party, sondern eine Fete, wobei dem Wort eine gewisse Schlüpfrigkeit und Verwegenheit unterstellt wurde – es schwang immer eine Portion Orgie mit. Als Steigerung war noch die Riesenfete realisierbar. Häufig wurde diese Art von Feier dezentral organisiert: Jeder, der teilnehmen wollte, brachte etwas mit, entweder etwas zu essen (seltener) oder zu trinken, wobei die Mitbringsel nach Prozentgehalt beurteilt wurden. Es soll Feten gegeben haben, bei denen der Veranstalter überhaupt nichts beitragen musste – für ihn eine sehr ökonomische Lösung: Spaß ohne Ende mit minimalem Aufwand. Wer es miterlebt hat, wird zustimmen: Eine Fete, das war organisiertes Chaos mit zu viel Essen und Trinken, zu viel aromatischem Rauch und der allgemeinen Bereitschaft zur Ausschweifung – enthemmter Tanz, knisternde Erotik in allen Räumen, Sinnestaumel, das Bacchanal des 20. Jahrhunderts, eine Kunstform der Entgleisung in den Köpfen der Teilnehmer – von außen betrachtet nichts weiter als ein wildes Besäufnis mit zu lauter Musik, das schwere Schäden bis hin zur Baufälligkeit am Austragungsort hinterließ. Römische Orgien waren dagegen ein Kaffeekränzchen. Oh Mann, diese Feten ...

 ## »Das hab ich aus der *Hobbythek*!«

Von praktisch über schöpferisch bis abwegig – wenn jemand seinen Freunden ganz stolz etwas Neues präsentierte, konnte es sein, dass es einen Zusammenhang mit dem Fernsehen gab: Die Sendung zum Thema Bastelkeller hatte viele Fans, und der Moderator mit dem Zwirbelbart erfreute sein Publikum mit immer neuen kreativen Einfällen, die dich nach der Sendung in unterhaltender Weise beschäftigen konnten. Für Kinder allerdings waren viele der Sendungen nicht unbedingt gedacht, aber mit Papa oder Mama zusammen gelangen die großartigsten Meisterleistungen, die heute unter den drei Buchstaben DIY – Do It Yourself – wieder voll im Trend liegen. Das Spektrum reichte von Bauchtanz über Kräuterelixiere, Brot backen, Bauen mit Gasbeton, Naturkosmetik, Buddelschiffe, Orchideen, Parfüm- und Käseherstellung, Bier brauen, Mittel gegen Mundgeruch oder Rückenschmerzen und vielen anderen Themen mehr bis hin zu Tipps für ein fruchtbares Liebesleben. Da konnte man nur staunen.

1980–1989

Du verbrachtest deine Kindheit im Jahrzehnt der Null-Bock-Generation, der Popper, Punks und Yuppies. Die Kultur der Jugend nahm breiten Raum ein, die Kleidung war schräg, die Frisuren ausgefallen, alles sollte bunt, schrill, erregend und schockierend zugleich sein. Die Worte »geil« und »cool« hatten ihre große Zeit und waren auch im Alltag ausgiebig genutzte Bestandteile der deutschen Sprache. Die Neue Deutsche Welle war auf ihrem Höhepunkt, die Musik des Jahrzehnts kam von Hubert Kah, Trio, Fehlfarben, Ideal und Extrabreit, Nena und Falco. Boris Becker und Steffi Graf dominierten den Tennissport und der Talkmaster dieser Jahre hieß Alfred Biolek.

 **»Mit Essen spielt man nicht!«**

Du hattest gerade einen wunderbaren Garten auf deinem Teller angelegt, mit Gabelstreifen dekoriertes Kartoffelpüree, durchschnitten von einer Straße mit Erbsenabgrenzung, am Horizont – sprich Tellerrand – eine kleine Stadt aus Möhrchen, und eben überlegtes du, wie du die Bratwurstscheiben in die Gesamtgestaltung einbeziehen könntest, da bremst dich Vaters mahnende Stimme in deinem Tatendrang und du musst dein Meisterwerk zerstören und aufessen. Eigentlich war dein Appetit mehr geistiger Natur, aber das hatte die Pädagogik der damaligen Zeit noch nicht auf dem Schirm. Und aufgegessen hättest du das Essen auf deinem Teller sicher irgendwann auch ohne erzieherische Weisheit. Eine Bratwurstscheibe mit zwei Tupfern Senf sieht übrigens einem der Gespenster aus dem 1980 erschienenen Computerspiel *Pac-Man* recht ähnlich.

»Guckst du heute auch *Captain Future*?« – »Nee, ich darf nicht!«

In der Tat: Manche Kinder durften, andere wieder nicht. Als das ZDF 1980 diese Zeichentrickserie ins Kinderprogramm nahm, protestierten Eltern und Lehrer, und auch im ZDF-Fernsehrat hagelte es Kritik: »Völlig unpädagogisch!« lautete das vernichtende Urteil. Keine Frage, *Captain Future* war das krasse Kontrastprogramm zu *Sesamstraße*, *Die Sendung mit der Maus* und *Das feuerrote Spielmobil*. Die aus Japan kommenden Trickfilme hatten tatsächlich Komponenten, die im Kinderprogramm wenig zu suchen hatten, wenn man die Pädagogen der Zeit befragte. Die Kinder dagegen waren begeistert und viele waren froh, für ein paar Minuten aus der Rosa-Häschen-Welt der antiautoritären oder Waldorf-Kindergärten ausbrechen zu können. Es wurden Strahlenkanonen abgefeuert und Raumschiffe vernichtet, es wurde geliebt, geraucht, getötet und sogar hingerichtet – und neben dem Superheldenhauptdarsteller, kurz »Future« genannt, agierten ein fliegendes Gehirn, ein sprechender Roboter und ein Androide namens Otto. Dieses unschlagbare Team durchquerte mit der *Comet*, dem besten Raumschiff des Universums, Raum und Zeit, stets im Kampf für Frieden und Gerechtigkeit. Was bitte hatte im Vergleich dazu das Sandmännchen zu bieten?

»Die Kinder in Afrika wären froh ...«

Es war lieb gemeint von den Eltern, die einen Weg suchten, ihre Kinder daran zu erinnern, wie gut es ihnen ging – oder war das nur ein

Trick, um den lieben Kleinen etwas Gesundes zu verkaufen, was sie nicht mochten? Je nach Jahrzehnt und politischer Korrektheit wurden auch Negerkinder als traurig blickende Armutsopfer bemüht, um zum Beispiel Wohlstandskinder dazu zu überreden, ihren Spinat oder ihre Portion Dicke Bohnen aufzuessen. Die Kinder in Afrika hätten vermutlich genauso reagiert: Was mag wohl »Bäh!« auf Suaheli heißen? Zudem überlegten wir klugen kindlichen Köpfe schon damals, dass es nicht ganz einfach sein würde, von uns verschmähte Mahlzeiten nach Afrika zu transportieren. »**Igitt, Fisch!**« Aber selbst auf dem schnellsten damals verfügbaren Transportweg wären in Afrika nur stinkende Reste angekommen. »**Yuck, samaki iliyooza!**« – Das bedeutet »Igitt, vergammelter Fisch!« auf Suaheli, sagt der Google-Übersetzer.

 »Du bist aber nicht die anderen!«

Da bemühte man sich nun als Kind, seine Rechte argumentativ vorzubringen und plädierte für dringende und unentbehrliche Anschaffungen wie etwa einen Gameboy: »**Die anderen in meiner Klasse kriegen auch einen!**« Und dann bekam man Derartiges zu hören. Es war zum Auswachsen, wenn die Eltern so reagierten. Was blieb da noch zu sagen? Die Forderung wiederholen? Schon nach wenigen Versuchen war klar: aussichtslos. Besonders hartnäckige Kinder bekamen dann einen Halbsatz zu hören: »**Wenn du jetzt nicht damit aufhörst, dann …!**« Ende der Verhandlungen, dem Kind blieb nur noch der Rückzug ins eigene Zimmer unter Protest: »**Manno!**« Manno oder auch menno, das ist nicht nur einfach so dahingesagt und bedeutet in vielfältigen individuellen Variationen weit mehr, als der ahnungslose Erwachsene oder Elternteil je vermuten würde. Es könnte zum Beispiel heißen: »Warte du nur ab, wenn ich dir im Altersheim das Fernsehen verbiete!« oder »Wenn ich groß bin, nehme ich dir die Bierflasche weg!« Die Etymologie beschreibt das Wort *menno* oder *manno* als Ausdruck des Unwillens und der Ablehnung, der fehlenden Bereitschaft. Es soll aus dem Französischen kommen und sich von *mais non* (aber nein) ableiten lassen.

 »Lass dich nicht so hängen, sitz ordentlich am Tisch!«

Eine weitere Maxime aus der besagten Mottenkiste überflüssiger Erziehungsversuche haben viele junge Menschen noch im Gedächtnis. Analog zur Art und Weise der Fortbewegung praktizieren Jugendliche in bestimmten Lebensphasen eine besondere Art des Sitzens auf Stühlen oder Polstermöbeln. Wie eine leere Hülle ihrer selbst schmiegen sie sich der Form des Sitzmöbels an und sind zum Beispiel – farblich entsprechend gekleidet – auf Sitzsäcken von diesen kaum zu unterscheiden. Auch in diesem Fall führte und führt der elterliche Hinweis zu einer vorübergehenden Straffung des kindlichen oder jugendlichen Körpers, die aber Minuten, wenn nicht Sekunden danach beweist, dass sie nur vorübergehenden Charakters war. Solltest du aber zu dem Personenkreis gehören, welcher der elterlichen Aufforderung tatsächlich langfristig Folge leistete, so steht deiner weiteren körperlichen Straffung und Ertüchtigung und damit einer großartigen Karriere als Wache vor dem Buckingham Palast nichts mehr im Weg.

»Nicht schon wieder *Benjamin Blümchen*!«

Neben der Beschallung von Feten und Gartenpartys hatte der Kassettenrekorder noch eine Aufgabe von höchster sozialer Bedeutung: Er brachte die Kinder ins Bett. Früher zum Vorlesen verdonnerte Väter fanden es großartig, dass dieser elektrische Knecht und ein paar Tonbandkassetten die Aufgabe übernahmen und sie selbst weiter ungestört im Fernsehsessel dahindämmern konnten. Dreißig Minuten *Benjamin Blümchen*, und der Nachwuchs schlief tief und fest. Doch wie viele Drogen – und um eine solche handelte es sich im Nachhinein betrachtet – blieb der Konsum nicht ohne Folgen. Die Kinder wollten nicht mehr ohne ihre Freunde von der Kassette sein. Wenn sie früher still im Kinderzimmer gespielt hatten, musste jetzt nebenher immer der Kassettenrekorder dudeln. Da die Anzahl der Kassetten begrenzt war, wiederholte sich manche der fabelhaften Geschichten viele Male. Benjamin Blümchen als Wetterelefant, in Afrika, auf hoher See, in der Schule, auf dem Baum und auf dem Mond, als Briefträger, verliebt und als Geburtstagskind … Töröööö! Eltern und Kinder – wir konnten sie alle auswendig. In ihrer Not erwarben die Eltern Kassetten anderer Reihen – nun tobten auch noch Bibi Blocksberg und Karla Kolumna durch Kinderwelten und den strapazierten erwachsenen Verstand. Und dazwischen immer wieder Benjamin Blümchen – Töröööö! Zum Auswachsen! Und 1982 stand diese Geißel der Menschheit erst am Anfang ihres Erfolges – es sollte über Jahrzehnte so weitergehen. Wenn man es sich recht überlegt: Haben da nicht Eltern ihre Kinder für den Endloskonsum von amerikanischen Fernsehserien konditioniert? Folge um Folge, immer und immer wieder? *Two And A Half Men*? *Big Bang Theory*? *2 Broke Girls*?

 »Schau mal im Lexikon nach!«

Wie hat man damals etwas gegoogelt, ganz ohne Google? Nicht nur Google, auch Wikipedia gab es natürlich noch nicht. Wenn Opa oder Oma etwas wissen wollten, zum Beispiel fürs Studium, mussten sie sich eine ganze Menge Arbeit machen. Das gesammelte Wissen der Menschheit fand man damals noch nicht im Internet, sondern in einem Lexikon. Lexika – so heißt die Mehrzahl – waren Bücher, die alphabetisch geordnete Stichworte und die passenden Erklärungen dazu enthielten. Es gab kleine Lexika mit nur einem oder zwei Bänden über die wichtigsten Themen, aber auch umfassende Ausgaben mit 24 oder sogar 30 Büchern – eine lange Reihe fast gleich aussehender Rücken, die eine ganze Regalwand füllten. Ein solches lexikalisches Werk, zum Beispiel die *Brockhaus*-Enzyklopädie, enthielt dann ungefähr 260 000 Stichwörter auf 17 000 Seiten in 24 Bänden. Über 35 000 Abbildungen, Karten und Tabellen machten das Wissen anschaulich. Ein zweites großes Lexikon war *Meyers Konversationslexikon* mit über 22 000 Seiten in 21 Bänden. Beide Lexika waren großartig gemachte Buchwerke mit beeindruckenden Abbildungen und von Experten verfassten Texten und kosteten deshalb mehrere Tausend D-Mark. Natürlich hatten nur sehr wohlhabende Familien eines zu Hause. Wer also etwas nachschlagen wollte, machte sich auf den Weg in eine Bücherei oder Bibliothek, suchte sich den richtigen Band heraus – J–KN für das Stichwort »Känguruh« zum Beispiel – und blätterte das Buch durch, bis er sein Stichwort fand. Nun musste das erworbene Wissen noch transportiert werden – »Copy-and-paste« ging ja noch nicht. Man machte sich also Notizen mit einem Stift auf Papier oder kopierte die betreffende Seite, wenn es in der Bibliothek schon einen Kopierer gab. Mal eben schnell was auf dem Mobiltelefon nachschlagen? Pustekuchen!

 Slinky

Durch das ganze Haus und die Treppen rauf und runter zu turnen war für alle Kinder ein großes Vergnügen, das sich noch mithilfe eines Spielzeugs steigern ließ: Eine ziemlich lange Drahtspirale namens Slinky konnte sich über Treppen fortbewegen – jedenfalls von oben nach unten. Dabei kippte sie in einmaliger Weise von Stufe zu Stufe, und die Kinder drängelten sich auf der Treppe und liefen hinter ihrem Spielzeug her, bis es unten angekommen war. **»Ich will auch mal!«** Das Größte war, das unten angekommene Ding wieder nach oben zu tragen und neu zu »starten«. An sich ein preiswertes Vergnügen, denn besonders teuer war Slinky nicht – meist bekam man die tolle Spirale geschenkt. Irgendwann allerdings versuchten dann kindliche Forscher, einmal auszuprobieren, wie lang man Slinky wohl ziehen könne. Dann fand das Vergnügen ein vorzeitiges Ende.

 »Mir ist ein bisschen blümerant ...«

So sagte Oma manchmal, wenn sie ein Likörchen zu viel getrunken hatte. *Blümerant*, das bedeutet so viel wie sich flau oder übel fühlen, und das Wort hat seine Herkunft in der Vergangenheit, nämlich im 17. Jahrhundert: Es soll von einer Modefarbe dieser Zeit, dem französischen *bleu mourant* (sterbendes Blau) abstammen, ein mattes Blau. Blümerant sollte vielleicht auf die blassblaue Gesichtsfarbe von Leuten hinweisen, die sich unpässlich fühlten. Omas blümeranter Anfall verschwand nach einer Tasse Kaffee und einem Stück Kuchen wieder.

 ## »Vokuhila? Ist nicht dein Ernst ...«

Man hätte es ahnen können, denn es gab prominente Vorbilder: Dieter Bohlen und Thomas Anders, Günter Netzer, Wolfgang Petry, Sylvester Stallone, Patrick Swayze, MacGyver und Don Johnson, um nur einige zu nennen. Die Familie traf der Schock dann doch irgendwie überraschend. Gut, man hatte sich lange nicht gesehen, und als Onkel Kurt durch die Tür trat, fiel es den übrigen Verwandten wie Schuppen von den Augen: »Vokuhila? Mensch, Kurt, ist nicht dein Ernst ...« Ja, Kurt hatte die Haare schön – glaubte er zumindest. Irgendwann wurde jeder in einer Kindheit der 80er-Jahre mit einer Vokuhila-Frisur konfrontiert und musste Stellung beziehen: Kult oder assi? Zeitgeist oder Geisterbahn? Schlimmer noch, wenn zwei ästhetische Katastrophen zusammenkamen: Der Vokuhila-Schnitt in Verbindung mit einem Schnurrbart trug nicht nur die fast schon zur dadaistischen Sprachkunst gehörige Bezeichnung Vokuhila-Oliba. Oliba bezeichnet den Oberlippenbart. Was du in deiner Kindheit so alles ertragen musstest ... Hoffentlich wurdest du nicht selbst infiziert.

»Kriegen wir Hochwasser?«

Auf diesen Satz reagierte der Angesprochene meist mit einem verwirrten »Hä?« und einem suchenden Blick, dem aber eine Geste des Redners – sein Finger zeigte nach unten – eine Richtung gab: zu kurze Hosen! Hochwasserhosen sahen damals und sehen heute bemitleidenswert aus – **»Wie der Storch im Salat!«,** sagte meine Oma immer. Heute heißt dieses modische Verbrechen aber denglish-interessant *Flanking* und ist ein Trend. Hose hochkrempeln, Strümpfe in den Sneakers verstecken und Knöchel zeigen! Hipster wussten es schon immer: Hochwasserhosen sind modern! Die Ursache für die kurzen Hosenbeine lag früher hingegen woanders: In manchen Familien fehlte es an Geld, um regelmäßig neue Kleidung für die Kinder zu kaufen. Da war ein Junge einfach aus seiner Hose herausgewachsen.

Ranzen

Tornister, Rucksack, Daypack – Worte für nahezu die gleiche Sache: das Behältnis meist mit großer Klappe und innen viel Platz, in dem Schüler alles für den Unterricht transportieren. Das Wort Ranzen zählt mittlerweile zu den am seltensten gebrauchten, der Tornister, den früher Schüler wie Soldaten auf dem Rücken trugen, gehört ebenfalls zu den aussterbenden Arten. Nicht nur die Bezeichnung, sondern auch die Machart hat sich geändert: Während früher Schüler mit nahezu demselben Ranzen aus braunem Leder in den Klassenraum kamen, herrscht heute bunte Vielfalt, meist locker an einem einzelnen Riemen über die Schulter getragen.

 »Finger weg vom Tauchsieder!«

Wie die Wählscheibe stellt der Tauchsieder ein Stück Technik aus einer anderen Zeit dar. Er tat im Single- wie auch im Familienhaushalt gute Dienste, wenn es darum ging, schnell Wasser zu erwärmen – heute die Arbeit von Induktionsherd oder Durchlauferhitzer. Im Tauchsieder geschah dies noch mit einer großen Drahtspirale, durch die volle 240 Volt Wechselspannung geleitet wurden. Ohne Wasser erhitzte sich das Gerät zu erstaunlicher, aber auch lebensgefährlicher, leuchtender Glut und brannte durch. Sachgerecht angewendet brauchte so ein Tauchsieder nur ein paar Minuten, um eineinhalb bis zwei Liter Wasser – zum Beispiel für Nescafé – zu erhitzen. Nescafé, das ist eine Art kaffeeähnliche Flüssigkeit, die aus einem braunen Pulver hergestellt wird. Chaoten – damals eine relativ häufige Spezies – kochten aber auch ihre Eier im Tauchsieder und erwärmten Würstchen oder Kochbeutelreis darin.

»Mama, darf ich heute aufbleiben und *Dallas* gucken?«

Die erste Folge strahlte das Erste Programm am 30. Juni 1981 aus und die in Konzept und Inhalt brandneue Serie rund um die Familie des Ölmagnaten J. R. Ewing und ihre Machenschaften im Wirtschaftsleben erreichte überall in der Welt traumhafte Einschaltquoten. Die Konkurrenzserie *Der Denver-Clan* reichte nicht im Entferntesten an die Erfolge von *Dallas* heran. Die Kinder dieser Tage waren infiziert von der Begeisterung ihrer Eltern, und weil nahezu ständig gemeuchelt und gemordet wurde, passierte es tatsächlich: Eltern und Kinder schauten gemeinsam die eine oder andere Folge *Dallas*, bezogen Partei für Miss Ellie und Sue Ellen Ewing oder regten sich über die Machenschaften von Cliff Barnes auf. Etwas herablassend könnte man sagen *Game of Thrones* für Arme …

»Was man im Kopf nicht hat, hat man in den Beinen!«

Wer etwas vergaß, konnte nicht einfach zum Mobiltelefon greifen und jemanden bitten, ihm zum Beispiel eine vergessene Akte nachzutragen. Der schusselige Zeitgenosse früherer Jahrzehnte musste den Weg selber machen. Diese zu einem Satz gewordene Umschreibung für die eigene Vergesslichkeit wird immer seltener benutzt, weil es in einer Welt voller elektronischer Organisationshilfen kaum noch zu Irrtümern und Versäumnissen kommt. Oder? Was man nicht im Handy hat, hat man im Computer!, würde die neue Maxime vermutlich lauten. In der persönlichen Organisation ganz ohne Hilfsmittel waren die Menschen vergangener Tage den heutigen sicher überlegen, denn schon wenn man an die Folgen der Nutzung eines Navigationssystems denkt, wird der Grad der Entmündigung klar. Früher verfügte jeder Autofahrer über eine innere Karte, eine Art Film, der in seiner Vorstellung abspulte und ihm dabei half, immer schnell zu bestimmen, wo er sich gerade befand. Ein Filmriss – die Erfahrung, irgendwo zu sein, ohne zu wissen, wo – erschreckte, das Gefühl der Desorientierung war äußerst unangenehm. Heute ist der besagte Filmriss Standard. Es gibt

Menschen, die sich ohne Navi überhaupt nicht mehr zurechtfinden. Biegen Sie nach 600 Metern rechts ab in die Alzheimerstraße …

»Papa ist wieder vor dem Fernseher eingepennt!«

Vater schnarchte im Fernsehsessel. Auf dem Bildschirm war nur noch das **Testbild** zu sehen, eine komplizierte Grafik aus unterschiedlichen Schwarz-Weiß- und Farbmustern, die es erlaubt, einen Röhrenfernseher in Farbwiedergabe und Geometrie einzustellen, und vermutlich wurde es auch im Sender genutzt, um die korrekte Sendequalität zu überprüfen. Das ist heute wohl nicht mehr nötig. Fernsehen und Qualität haben sowieso nicht viel miteinander zu tun, von der Bildqualität einmal abgesehen.

Nach dem Testbild kam Schnee – und *White Noise*. Ja, tatsächlich, abends wurden die Fernsehsender komplett abgeschaltet. Deshalb war es auch sinnvoll, die Fernsehgeräte rechtzeitig auszuknipsen, nach Sendeschluss. Auf die Idee, die ganze Nacht mit endlosen Wiederholungen von Spielfilmen durchzusenden, war man noch nicht gekommen.

Wenn man vor dem Fernseher einschlief, wurde man spätestens dann von dem rauschenden Ton geweckt. Manchen Leuten passierte das aber so regelmäßig, dass sie überhaupt nicht mehr negativ darauf reagierten, sondern zufrieden, tief und fest auf dem Sofa vor dem Fernseher die Nacht verbringen konnten. Es soll ein sehr glücklicher und ausgesprochen erholsamer Schlaf gewesen sein. Vermutlich stammt aus dieser Zeit die Sitte, sich bei Einschlafstörungen mit *Pink Noise* von der CD in den Schlaf wiegen zu lassen, wie es heute besonders sensitive Menschen brauchen.

»Jetzt habe ich aber die Nase voll von dir! Nachsitzen!«

Auch in den 80er-Jahren gab es bereits Schüler, die ihre Lehrer in den Wahnsinn treiben konnten. Das Nachsitzen war eine häufig angewendete, durchaus angemessene Strafe, eine Erziehungs- oder Ordnungsmaßnahme gegen schlechtes Betragen, Zuspätkommen oder andere schulische Vergehen. Nachsitzen ging in den 80er-Jahren so: Du durftest nicht mit den anderen Schülern nach Hause gehen, sondern musstest noch eine bestimmte Anzahl von Schulstunden bleiben und eine zusätzliche, oft nicht sehr sinnvolle Aufgabe erledigen, zum Beispiel die Tafel mit immer dem gleichen Satz vollschreiben: **»Ich darf keine Kartoffeln in den Auspuff des Automobils unseres Lehrers stecken!«** Aber immerhin war dies eine gute Übung zum Thema Genitiv. Nachgesessen wurde in diesem Jahrzehnt in einem Klassenraum; ein eigens dafür eingerichtetes Schulverlies, genannt Karzer, gab es dafür nicht mehr. In der Vergangenheit beaufsichtigte häufig der Hausmeister die nachsitzenden Schüler, und da konnte es schon mal sein, dass aus dem Nachsitzen eine lustige After-Work-Party wurde. Heute gibt es für das Nachsitzen in allen Bundesländern unterschiedliche Regelungen, mancherorts ist es erlaubt, anderswo wieder verboten, aber grundsätzlich ist das »Nacharbeiten von Versäumtem unter Aufsicht« nicht reglementiert. Hin und wieder wird das Nachsitzen auch Förderunterricht genannt.

»Wir haben jetzt auch einen Computer!«

Wenn man in der Kindheit diesen Satz gehört hat, wird es sich meistens um einen 8-Bit-Computer namens **Commodore 64** gehandelt haben – mehr oder weniger das einzige Gerät, das damals für die Nutzung zu Hause für einen angemessenen Preis zur Verfügung stand. Verkauft wurden von 1982 bis 1994 geschätzte 22 Millionen Geräte. Der **»Brotkasten«**, wie er wegen seiner Form genannt wurde, verfügte über unglaubliche 64 Kilobyte Arbeitsspeicher, aber über kein internes Massenspeichergerät. Programme und Daten mussten über zusätzliche Geräte – ein Kassettenlaufwerk, genannt Datasette, das 5¼-Zoll-Diskettenlaufwerk VC1541 oder von einem Steckmodul geladen werden. Im Laufe der Jahre kamen etliche, jeweils verbesserte Varianten des Gerätes auf den Markt; die Erwachsenen nutzten diesen Computer der Frühzeit zum Beispiel zur Programmentwicklung mit der Softwaresprache Basic und kauften etliche Zusatzgeräte zu unterschiedlichen Zwecken, was den Kindern aber völlig egal war, denn für sie war das Gerät zu einer einzigen Sache gut: Computerspiele! Die Grafik und der Ton waren nach heutigen Standards beklagenswert, aber es gab eine riesige Auswahl: Von *The Bards Tale* über *Boulder Dash*, *Choplifter*, *Ghostbusters*, *International Karate*, *Jumpman*, *Lode*

Runner, Maniac Mansion, Mayhem in Monsterland, Pirates!, The
Sentinel, Space Taxi, Summer Games und *Winter Games* bis hin zu
Zak McKracken and the Alien Mindbenders.

In mancher Familie existierten verschiedene Kategorien von Ab-
hängigkeit, die sich sprachlich manifestierten: **»Lass mich doch
auch mal!**« konnte man hören, wenn sich die Geschwisterkinder
gegenseitig die Spielzeit neideten – es konnte eben immer nur einer
spielen. Wollte Vater an die Tastatur, so argumentierte er pädagogisch: **»So lange vor dem Bildschirm hängen ist ungesund! Jetzt
geht mal …**« Für das Ende des Satzes gibt es mehrere Varianten:
»… nach draußen, die Sonne scheint!« oder »… ins Bett, es ist
schon spät!«. Und außerdem wollte Vater endlich ungestört selber
spielen. Umgekehrt blockierten die Väter den Computer oft stun-
denlang für die Kinder, und wenn diese sich darüber beschwerten,
wanderte der Computer ins Arbeitszimmer: **»Ich brauche ihn für
die Steuererklärung!**« war in diesem Fall die Begründung. Später
am Abend konnte es schon mal vorkommen, dass ein Computerspiel eine Ehe gefährdete: **»Wenn du jetzt nicht sofort die Kiste ausmachst und ins Bett kommst, lasse ich mich scheiden!**«,
drohte die vernachlässigte Ehefrau, worauf der Gatte geistesab-
wesend antwortete: **»Ja, schön, mach das, das wolltest du doch
schon immer!**« und weiter daddelte …

Es ist zu hoffen, dass sich die menschliche gegen die digitale Konkurrenz durchsetzen konnte. Apropos Konkurrenz: Für schlechtere
Absatzzahlen des Commodore C 64 sorgten gegen Ende des Jahrzehnts der technisch weitaus bessere Atari ST in seinen verschiedenen Konfigurationen und der Widersacher aus dem eigenen Hau-

se, der Commodore Amiga, ein Computer mit weit überlegenen Grafikqualitäten.

 ## »Ziehst du auch deinen Nicki an?«

Der Nicki, das war ein Stück Oberbekleidung aus einem unglaublich weichen, glänzend schimmernden Kuschelstoff mit rundem Hals- oder V-Ausschnitt. Nicki-Stoff fühlte sich so gut an, dass man sich unentwegt selbst streicheln wollte und in der Vorstellung lebte, andere Menschen würden das auch gern tun. Leider war der Stoff etwas empfindlich, und schon nach ein oder zwei Wäschen – besonders bei falscher Temperatur und mit einem groben Waschmittel – verlor er seinen Glanz und seine Weichheit. Deshalb wurde der Nicki-Pullover besonders gepflegt, mit der Hand und bei 30 Grad gewaschen und nur zu außerordentlich wichtigen Anlässen getragen, bevorzugt bei erotischen Verabredungen. Darunter trug man(n) häufig auch einen weißen Rollkragenpullover, Ersatz für das steife Hemd mit Schlips und Kragen.

 ## »Pass auf, gleich kommt das Vögelchen raus!«

Dieser Spruch stammt definitiv aus der analogen Zeit der Fotografie, die Mitte der 80er-Jahre noch immer andauerte, denn die großen Fotohersteller stellten Mitte des Jahrzehnts gerade einmal die ersten Prototypen ihrer Digitalkameras vor. Ob analog oder digital – die wenigsten Kinder glaubten an den Kuckuck in der Kamera, sondern ahnten damals schon, dass es eher die technisch wenig bewanderten Erwachsenen waren, die ein Vögelchen hatten. In späteren Jahren wurde der Spruch vielfach durch das anglophile »Cheese!« ersetzt; um allen Menschen auf dem Bild ein Lächeln zu verpassen, schreckte man noch nicht einmal davor zurück, von ihnen das Wort »Ameisenscheiße!« zu verlangen. Wie noch 1985 hätte auch ein »Bitte lächeln!« genügt.

 ## »Was sollen denn die Leute denken?«

In den vergangenen Jahrzehnten wurde dieser Satz relativ häufig ausgesprochen, denn die Reputation beim Nachbarn oder in sonstigen Zusammenhängen des öffentlichen Lebens war vielen Leuten sehr wichtig. Man verhielt sich noch so, als würde man auf dem Dorf leben: Jeder kennt jeden und weiß alles von jedem. Wer also mit einem Loch in der Hose – vergammelte Jeans, sehr in Mode bei den Jugendlichen damaliger Tage – auf die Straße ging, brachte seine Eltern und Großeltern, ja die ganze Verwandtschaft bis ins dritte Glied in Verruf. So glaubten zumindest die Erwachsenen, bis es der betreffende Sprössling tatsächlich tat. Was geschah daraufhin? Ein paar ewig Gestrige (zwischen 40 und 90) zerrissen sich die Mäuler, der Rest (zwischen 10 und 39) fand es lustig oder machte mit. Was die Leute dachten, hatte also durchaus eine gewisse Bandbreite.

 # »Vergiss dein Butterbrot nicht!«

So erinnerte Mutter uns Kinder morgens daran, unser Pausenbrot in die Schultasche zu packen. Wenn wir das vergaßen, konnte es auch geschehen, dass sie es uns nachträglich in die Schule brachte – extrem peinlich. Nicht nur im schulischen Umfeld, auch in der Freizeit stellte die in manchen Regionen auch *Bemme* genannte Stulle eine frühe Form von Fast Food und Outdoor-Catering dar. Draußen tobende Kinder sprachen den Schlüsselsatz **»Mama, schmier mir mal 'ne Stulle!«** Wenn man Glück hatte, reichte die Mutter dann nur wenige Minuten später ein reichlich mit Leberwurst oder Käse belegtes Brot nach draußen, wo es, heißhungrig verschlungen, Energie für neue Abenteuer lieferte. Auch süße Varianten mit Schokocreme oder Honig waren beliebt, und in ärmlicheren Familien bestand der Belag der Stulle an Tagen, an denen die Haushaltskasse leer war, auch schon mal aus Margarine und ein paar Körnern Salz. Geschmeckt hat es aber trotzdem.

»Mist, ich muss den Film wechseln!«

Was war Papa stolz auf seine neue Kamera! Er hatte sie immer und überall dabei und musste alles dokumentieren: das neugeborene Baby, die Tochter auf ihrem ersten Fahrrad, den Campingurlaub am Dümmersee und sämtliche Verwandten auf dem 70. Geburtstag von Großonkel Erwin, wobei er sie alle auf ein einziges Bild bringen wollte. Im Vordergrund die Verwandten, im Hintergrund der Goldfischteich mit Gartenzwerg. Man rückte also eng zusammen, die Kinder vorn, die Erwachsenen kleinerer Größe in der Mitte und hinten die ganz Langen. Irgendwer rief **»Blende acht, die Sonne lacht!«**, obwohl die Kamera längst ein Vollautomat war; alle grinsten geradezu unmenschlich intensiv und Papa brachte die Kamera in Anschlag, betätigte den Transporthebel und … »Mist, ich muss den Film wechseln!« Schon ging das große Fummeln los. Den belichteten Film zurückspulen, den neuen Film aus der Verpackung pulen und einlegen, zwei oder drei Versuche, bis die Lasche am Anfang des neuen Films endlich griff, den Film bis Bild eins transportieren, die liebe Verwandtschaft rearrangieren und: Schnappschuss! Klar, der doofe Vetter Ferdi hatte dem Geburtstagskind mit erhobenen Fingern Hörner verpasst, und man sieht nachher auf allen Abzügen deutlich, dass Onkel Helmut der Dame neben sich in den Ausschnitt starrt.

Es war ein Kreuz mit der analogen Fotografie. Entweder bekam man den Film mit 36 Bildern nur mit Mühe voll, oder, wenn man einen mit 12 oder 24 Bildern kaufte, fehlte im entscheidenden Augenblick immer eine Reserve. Auch nach dem eigentlichen Belichten hörten die Umstände nicht auf: Film zurückspulen, zum Entwickeln in die Drogerie oder ins Fotogeschäft bringen, teure Abzüge bezahlen, mit dem Mann im Fotogeschäft detailliert über Verwandtschaftsverhältnisse diskutieren, weil er schon alle Bilder angeschaut und, wie sein lüsternes Grinsen verrät, sich privat Abzüge von Tante Helene im ersten Bikini gesichert hat. So viel zum Thema analoger Datenschutz. Die Hälfte der Abzüge wegwerfen, weil sie falsch belichtet sind oder überhaupt nichts

Erkennbares drauf ist. Abzüge nachbestellen, wenn nach der Hochzeit jeder den Schnappschuss des Brautpaares mit Pfarrer Hülsmann haben wollte. Was für ein Segen ist doch die digitale Fotografie!

 1990–1999

Die 90er-Jahre waren geprägt von der Neuordnung der Welt nach dem Ende des Kalten Kriegs und dem Zerfall der Sowjetunion – die ersten Jahre mit den Vereinigten Staaten als einziger verbliebener Supermacht der Erde. Viele Familien freuten sich über die deutsche Wiedervereinigung. Jugendliche trugen Flanellhemden und die klobigen Arbeiterstiefel von Dr. Martens, die angesagte Musik dazu hieß Grunge, die Band des Jahrzehnts Nirvana. Die Ära der Mobiltelefone und das großartige Zeitalter des Internets dämmerten herauf.

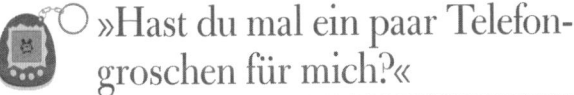 »Hast du mal ein paar Telefongroschen für mich?«

Ein Satz voller Zeitgeschichte, und deshalb soll das Thema Telefonieren hier auch angemessen gewürdigt werden. Dokumentiert der Satz – auch bekannt in der Version »Hast du mal etwas Kleingeld fürs Telefon?« – doch a) dass man zum Telefonieren Kleingeld brauchte und b) dass es einen Ort gegeben haben muss, an dem man gegen Kleingeld telefonieren konnte. Hierbei handelt es sich um eine sogenannte Telefonzelle, ein kleines, damals fast immer gelbes Häuschen mit einer Grundfläche von etwa einem Quadratmeter und einer Höhe von etwa drei Metern. Drei Seiten des Kastens waren verglast, an der vierten, sozusagen der Rückwand, hing ein riesiges graues Telefon mit Münzeinwurf und einem Hörer an einer Kabelschlange, die mit Metall umwickelt war. Unten auf einem an der Rückwand angebrachten Kasten lag das Telefonbuch, in das (fast) alle Nummern von Telefonbesitzern in der Stadt oder der Gegend eingetragen waren – nur die Nummer nicht, die du gerade anrufen wolltest. In besseren Telefonzellen hingen mehrere Telefonbücher in einem Gestell; man konnte immer eines hochziehen und aufklappen, um darin zu blättern und nach einem Namen zu suchen. Wenn man den Namen und die Nummer gefunden hatte, konnte man direkt wählen. Viele Leute rissen aber auch die Seite aus dem Telefonbuch und steckten sie ein, damit die Sucherei später nicht schon wieder losging. Leider wurde das Telefonbuch dadurch immer dünner und es fehlten etliche Nummern, denn auf einer Seite stand ja nicht nur ein Name und eine Telefonnummer, sondern eine ganze Menge.

Die fälligen Gebühren für das Telefonat wurden zunächst mit Münzgeld, in späteren Jahren mit einer Telefonkarte und in der Endphase der Telefonzellen sogar mit Kredit- oder Geldkarte beglichen. Telefonzellen standen in der Regel im öffentlichen Raum, das heißt, sie waren für jedermann zugänglich. Wer unterwegs telefonieren wollte, musste in eine Zelle.

Wenn man nun also seine Nummer gefunden hatte, sie vielleicht sogar noch auswendig wusste oder im eigenen Notizbuch (eine primitive Datenbank auf Papier) entdeckt hatte, konnte man wählen. Man nahm den Hörer ab und klemmte ihn sich zwischen Schulter und Hals. Dabei steckte man sich mit allen möglichen Krankheiten an, weil die Menschen, die in den letzten zwei Stunden in der Zelle telefoniert hatten, jede Menge Bakterien und Viren auf dem Hörer zurückgelassen hatten. Nun musste man zwei Mal zehn Pfennig (so hießen früher die Cents, eine Münze mit einem Wert von zehn Pfennig nannte man einen Groschen) in einen Schlitz werfen und konnte an der Wählscheibe oder später auch mithilfe einer Tastatur wählen.

Meistens hatte man aber gerade die letzten 20 Pfennig einem Bett-
ler in den Hut geworfen oder sie waren einem durch ein Loch in
der Hosentasche gefallen. Ja, Löcher in Hosentaschen gab es damals
auch noch. Wenn man aber die passenden Münzen hatte und die Verbindung hergestellt war, konnte man so lange sprechen, bis das Geld
verbraucht war – gefühlte 2 bis 3 Sekunden. Wenn man länger sprechen wollte, musste man Geld nachwerfen. Man telefonierte im Stehen, bei längeren Telefonaten nahmen die Menschen in der Zelle sehr
seltsame Stellungen ein, kauerten irgendwie auf dem Boden, klemm-
ten sich zwischen die Glaswände wie ein Bergsteiger im Kamin oder
lehnten lässig an einer Seite – eine Performance, welche die War-
tenden vor der Telefonzelle auf angenehme Weise unterhielt, denn
es konnten ja alle zuschauen. Auch rauchten die meisten Menschen
beim Telefonieren Zigaretten, was in der Zelle zu einer Luft führte,
die der Atmosphäre auf dem Planeten Venus ziemlich ähnlich war.

Oft konnte man nicht lange ungestört telefonieren, weil der nächste Mensch mit einem dringenden Telefonat draußen wartete. Zuerst klopfte er gegen die Tür. Ein paar Minuten später begann er
zu fluchen, später dann folgten Morddrohungen, damit man das
Telefonat bald beendete. Manchmal musste man sich mit mehreren
Morddrohungen zugleich auseinandersetzen, denn es standen ganze Schlangen von Menschen vor einer Telefonzelle. Das passierte
nämlich dann, wenn lustige Zeitgenossen alle anderen Telefonzellen in der Gegend demoliert, zum Beispiel die Hörer abgeschnitten
hatten, was mancherorts eine populäre Freizeitbeschäftigung war.

Besonders beliebt waren Telefonzellen bei Betrunkenen. Man konnte im Winter darin schön warm schlafen, über die Telefonbücher

kotzen oder in die Ecke pinkeln. Jede Telefonzelle hatte schließlich vier Ecken. In vielen Großstädten ersetzten die Telefonzellen die öffentlichen Toiletten. Es dauerte nicht lange, bis selbst neu aufgestellte Telefonzellen das ganz typische Telefonzellenaroma verströmten, eine interessante Mischung aus Bundespost, Zigarettenrauch, Mageninhalt und Urin. Das abenteuerliche Erlebnis, unterwegs eine Telefonzelle aufzusuchen, entgeht uns in Zeiten der Smartphones leider komplett. Auch den die Kommunikation beendenden Satz **»Mein Kleingeld ist gleich zu E...«** hört man heute nicht mehr.

 ## »Heute machen wir Diaabend!«

Meist war es der Vater, der die Familie, Verwandte oder Bekannte mit dieser Horrornachricht in eine schwere Sinnkrise stürzte, denn niemand traute sich zu sagen: »Diaabend? Bloß nicht! Ich finde Diaabende grauenvoll!« Der einzige Vorteil für Heranwachsende bestand darin, dass es währenddessen relativ dunkel im Zimmer war, was man ausnutzen konnte, wenn die attraktive Tochter oder der süße Sohn des Nachbarn an diesen finsteren Aktivitäten teilnahmen oder teilnehmen mussten. Falls nicht, fielen alle Beteiligten außer dem Mann (ja, meist war es ein Mann) am Diaprojektor schnell in Halbschlaf, Fragen wurden quasi automatisch beantwortet – eine wahre Orgie des Desinteresses.

Dieser beklagenswerte Zustand blieb nicht das ganze Jahrzehnt über so. Die Menschheit machte ihre kollektiven Erfahrungen – immer wenn etwa ab Mitte des Jahrzehnts das Wort »Diaabend«

irgendwo ausgesprochen wurde, überkam alle Zeitgenossen eine unglaubliche abendliche Hektik voller bedeutender Termine. Anstehende Examina und die Vorbereitungen für Dienstreisen, Steuererklärungen und Klassentreffen, lange verabredete Treffs mit alten Freunden, Paartherapie, Elternabende in der Schule, Nachtwanderungen, Fledermausexkursionen oder dringende Vorbereitungen für eine Polarexpedition – das alles wurde vorgeschoben. Alles, bloß kein Diaabend.

 ## »Null Problemo!«

Die Invasion kam 1988: Alf (Abkürzung für Alien Life Form), ein rotbrauner Alien vom Planeten Melmac mit nicht immer sympathischem Charakter, machte eine Bruchlandung und stellte sein defektes Raumschiff in der Garage der Familie Tanner unter, in deren Familienleben er sich nun einmischte. Die Tanners bemühten sich redlich, ihn vor der Entdeckung durch die Behörden und die Nachbarn zu schützen. Zum Dank versuchte Alf hin und wieder, die Katze der Familie zu fressen und mischte auch sonst den Laden ganz schön auf. So weit, so gut. Besonders beeindruckend fanden die Kinder dieser Tage zum einen die Lieblingstätigkeiten des Außerirdischen – essen, fernsehen und faul abhängen –, zum anderen seine dummen Sprüche: »**Wenn du mich brauchst, ich bin im Kühlschrank!**« oder »**Ich sollte vor dem Schlafengehen keine Filme mehr essen.**« oder »**Du bist ganz schön gewitzt für einen ohne Fell!**« Und der schlimmste Spruch von allen, endlos wiederholt in vier Staffeln und insgesamt 102 Folgen: »Null Problemo!« Diese beiden Worte brannten sich förmlich in das kollektive Bewusstsein ein: »Null Problemo!« Ob in Schule, Kindergarten oder zu Hause beim Abendessen: »Null Problemo!« – »Mach deine Hausaufgaben!« – »Null Problemo!« – »Bring den Müll runter!« – »Null Problemo!« Die Erwachsenen hatten schon ein dickes Problem mit Alf.

»Geh mal aus dem Internet, ich will telefonieren!«

Nein, die Zeiten des Akustikkopplers waren bereits vorbei, man legte keinen Telefonhörer mehr darauf, aber die Geräusche waren dieselben geblieben, in dem Gerät zur Übertragung von digitalen Daten über eine analoge Teilnehmeranschlussleitung: Das Modem, eine kleine Kiste mit Leuchtdioden, ließ sie jedes Mal erklingen, wenn eine Verbindung zum Internet aufgebaut werden musste: kaschhhhh-schhhhhh-biepbiep-mööp-biep-biep-chrrrr … Dann konnte es nur noch Minuten dauern, bis die gewünschte Internetseite aufgebaut war; die Transferraten lagen bei maximal 56 Kilobits pro Sekunde – ein winziger Bruchteil der heute möglichen Verbindungsgeschwindigkeiten. Hinzu kam, dass der Zugriff auf das Internet die Telefonleitung blockierte. Wartete Mutter auf einen Anruf von Tante Helene, durfte Vater keinesfalls ins Internet oder umgekehrt. War Internet angesagt, so konnte niemand in der Familie telefonieren. Erstaunlich, dass schon in diesen Tagen ein mutiger Zeitgenosse voraussagte, dass eines Tages alle im Internet sein würden.

»Hast du die Videokassette zurückgespult?«

Die Welt hat sich verändert: Früher konnte man sich Spielfilme noch nicht per Streaming im Internet anschauen oder sie herunterladen, sondern musste sie sich auf eine Art Magnetband gespeichert als Videokassette ausleihen. Auch mit dem Aufnehmen war noch alles anders, weil es keinen Festplattenrekorder gab. Videorekorder waren ziemlich mechanisch, darin drehten sich Motoren und spulten das Band an einem Schreib- und Lesekopf vorbei. Eigentlich funktionierte so ein Videorekorder ziemlich gut, allerdings gab es mehrere unterschiedliche Systeme, die nicht zueinanderpassten und zwischen denen man die Kassetten nicht austauschen konnte – VHS, Betamax und Video 2000 zum Beispiel. Am längsten überlebt hat VHS – vielleicht sind dir solche Kassetten und die zugehörigen Rekorder in deiner frühen Kindheit einmal begegnet. Wenn du etwas älter bist, wirst du später von dir sagen können, dass du zu der Generation gehörst, die zumindest drei Systeme als Speichermedium hat aussterben sehen: Videokassette, DVD und Festplattenrekorder. Wer weiß heute, wie viele andere in Zukunft noch entwickelt werden, um dann auch zu verschwinden.

Videokassetten waren preiswert, man konnte sie sich schon leisten. Was die Länge betrifft: Es gab Videokassetten für 30, 60, 90, 100, 120, 180 und 240 Minuten Aufnahme. Für Letztere brauchte man allerdings einen sehr guten Videorekorder, weil sonst das sehr dünne Band entweder riss oder ein wunderbarer Bandsalat entstand, über dessen Folgen an anderer Stelle und im Zusammenhang mit dem Kassettenrekorder berichtet wird.

Ach ja, die Sache mit dem Spulen: Wenn man sich in einer Video-thek – so etwas gab es damals noch – eine oder mehrere Video-kassetten ausgeliehen und zu Hause angeschaut hatte, so musste man sie ja irgendwann zurückgeben – und zwar zurückgespult. Das Band musste von der einen auf die andere Rolle in der Videokas-sette zurückgebracht werden, was elend lange dauerte, auch wenn man den sogenannten schnellen Rücklauf benutzte. Weil nun der Videothekbesitzer nur an den Anfang gespulte Kassetten ausleihen konnte und auch nicht vorhatte, den Rest seiner Tage mit Zurück-spulen zu verbringen, bestand er darauf, dass dies seine Kunden zu Hause selbst taten – oder aber Strafe zahlten. Das konnte zwei oder sogar fünf D-Mark kosten. Deshalb wurde zu Hause fleißig gespult.

 ## »Wollen wir Diddl tauschen?«

Zuerst war Diddl ein Känguru, dann wandelte der Zeichner Tho-mas Goletz seine Cartoonfigur in eine Springmaus mit großen Oh-ren und riesigen Füßen um. Das lustige Wesen fand unglaublich schnell zahlreiche Fans, und das, obwohl es noch nicht einmal in ei-ner Zeichengeschichte vorkam, sondern nur zur Verkaufsförderung von etlichen Gegenständen erfunden worden war. Schreibblocks, Postkartenserien, später Schulranzen und Freizeittaschen, Kalen-der, T-Shirts, Bettwäsche, Briefpapier, Tassen und Gläser waren mit Diddl-Motiven verziert. Schließlich wurde auch Diddl selbst zum Verkaufsobjekt, nämlich als Stofftier. Alle, alle wollten Diddl, und weil es so viele unterschiedliche Motive gab, wurde gesammelt und getauscht. Kinder hatten in diesen Tagen Schuhkartons voller Diddl-Blätter, und die, welche man doppelt hatte, wurden gegen andere eingetauscht. Nach der Jahrtausendwende kam sogar eine Zeitschrift – *Diddls Käseblatt* – auf den Markt. Der Diddl-Hype hielt bis 2014, dann wurde die Herstellung von Diddl-Produkten eingestellt – allerdings nur für zwei Jahre, denn 2016 entschied Thomas Goletz, dass die Welt ohne Diddl nicht auskommen kann. Heute hat die Springmaus sogar einen Instagram-Account.

 ## »Meinereiner braucht nicht viel!«

Noch einmal entfaltet eine Zeichentrickfigur große Wirkung: Ein weit verbreitetes, als lustig anerkanntes Wort stammt aus der Bugs-Bunny-Sprache – *meinereiner* –, das jedenfalls behaupten manche Sprachwissenschaftler, die der Herkunft dieses Wortes nachgespürt haben. Es bedeutet soviel wie *jemand wie ich*, war aber ursprünglich nicht als Teil unserer Muttersprache vorgesehen. Die Zeichentrickfigur mit der Vorliebe für Möhren verwendete dieses Wort aber so häufig, dass sie zumindest dessen weiträumige Verbreitung für sich reklamieren kann. Den tatsächlichen Erfinder dieser Sprachspielerei konnten ganze linguistische Fakultäten nicht ermitteln – wie soll da *meinereiner* die Antwort wissen?

 »Du hast dein Pausenbrot schon wieder nicht gegessen!«

Ernährungsgewohnheiten ändern sich, und nicht immer sind diese Veränderungen von Vorteil. Die Vorlieben der Kinder verschoben sich im Laufe der Jahre zu immer süßeren Snacks, und im gleichen Maße, wie das Taschengeld wuchs, entwickelte sich auch der Schwimmring um die Hüften. Das noch relativ gesunde Schulbrot – auch wenn es dick mit Nuss-Nougat-Creme beschmiert war – verlor zusehends an Terrain gegen die Süßigkeiten, die sich Kinder kaufen konnten. Der andere Aggressor: Imbissbuden in der Nähe von Schulen entwickelten sich immer mehr zu wahren Goldgruben. Kein Wunder, dass die Schulbrote manchmal völlig unbeachtet wieder mit nach Hause gebracht wurden. Auch Mutters Argumentation mit den hungernden Kindern in Afrika erreichte die satten Schulkinder nicht. Im Gegenteil, die Darlegungen des gerügten Nachwuchses waren schwer zu entkräften: »Hätte ich das Brot gegessen – wäre dann irgendjemand in Afrika satter geworden?« Nein, dass es eigentlich um die Wertschätzung der eigenen, luxuriösen und abgesicherten Situation in einem Wohlstandsland ging, erreichte die undankbare Bagage nur am Rande.

»Nicht die Mama!«

Donald Duck und *Mickymaus* – die Walt Disney Company erfreute das Fernsehpublikum inzwischen mit einer neuen Serie voller anthropomorpher Dinosaurier. Im Zentrum: die Dinofamilie Sinclair. Vater Earl Sinclair übt den ehrenwerten Beruf eines Baumschubsers aus und ist für den Megakonzern Treufuß tätig. Mit seiner Ehefrau Fran Sinclair hat er drei Kinder: Robbie (vierzehn), Charlene (zwölf) und Baby Sinclair – frisch aus dem Ei geschlüpft. Alles dreht sich um die Probleme dieser Familie in einer ziemlich abstrusen Welt, einer eigenartigen Mixtur aus Steinzeit und Zukunft. Der eigentliche Star der Serie aber ist das Baby: Es bringt Vater Earl ständig auf die Palme, indem es sich weigert, ihn »Papa« zu nennen. Stattdessen ruft es bei jeder Gelegenheit »Nicht die Mama!«, drei Worte, die wohl bei jedem hängen geblieben sind, der als Kind oder junger Erwachsener die Serie gesehen hat. Weitere markante Statements des vorwitzigen Jungreptils: **»Ich bin das Baby, du musst mich lieb haben!«** Aktionen, die dem Baby zusagen, quittiert es mit wiederholtem **»Noch maaal!«** Missfallenskundgebungen gegenüber seinem Erzeuger artikuliert Baby Sinclair allerdings nonverbal: mit einer Bratpfanne auf Vaters Kopf als Argumentationshilfe.

»Was? Du sammelst Telefonkarten?«

Telefonkarten, gegen Ende der 80er-Jahre eingeführt, ermöglichten es, in einer entsprechend ausgerüsteten Telefonzelle zu telefonieren, ohne Kleingeld nachzuwerfen – einfach die Karte in den dafür vorgesehenen Schlitz stecken. Die ansprechend gestalteten Karten in der Größe einer Kreditkarte wurden schnell zu begehrten Sammelobjekten, was als eine echte Alternative zum Briefmarkensammeln gesehen wurde, weil auch diesen Sammelobjekten eine ansprechende Ästhetik und damit ein gewisser Wert beigemessen werden konnte. Zu sammeln gab es genug, denn bis zum November 1998 wurden 500 Millionen Telefonkarten verkauft. Seltene und vor allem gut erhaltene und unbenutzte Stücke wurden auf dem Höhepunkt des Hypes zu mehreren Tausend D-Mark gehandelt. Die Einführung des Mobiltelefons in den letzten 90er-Jahren machte dann aber der Telefonkarte den Garaus. Die Zahl der Sammler schrumpfte drastisch, die Preise brachen ein. Enttäuscht suchte man nach neuen Sammelgebieten: Die Telefonkartenlücke schloss unter anderem das **Ü-Ei** und seine kreativen Inhalte.

»Komm vorbei, wir spielen Barbie!«

Polly Pocket, Mein kleines Pony, Baby Born, Diddl-Mäuse – sie alle geistern durch die Kindheit von Mädchen der 90er-Jahre, aber über allem schwebte das Spielzeug an sich: Barbie. In allen Mädchenzimmern häufte sich mit der Zeit eine Sammlung verschiedener Modelle wie zum Beispiel die Meerjungfrau-Barbie und die Hollywood Hair Barbie an, etliches Zubehör wie das Barbie-Haus und die Barbie-Boutique kam hinzu. So lief die eine Freundin schwer bepackt mit ihrer Barbie-Ausrüstung zur anderen, um die Besitztümer aus Plastik gemeinsam zu betrachten und modische Fragen zu erläutern. Noch war der Barbie-Boom nicht auf seinem Höhepunkt, denn der erste Spielfilm sollte erst 2001 erscheinen. Der pädagogische Gegenwind blies Barbie kalt ins Gesicht. Man beklagte sich über die unnatürlich magere Figur der Puppe und vermutete sie als Auslöser für die zunehmende Magersucht. Andererseits wurde das konventionelle Heile-Welt-Rollenbild kritisiert, das Barbie und ihr Freund Ken den Mädchen dieser Zeit stumm vorlebten.

Kentucky schreit ficken

Zum einen war es der Tabubruch: Man sagte in diesen Tagen nicht *ficken* im Fernsehen. Zum andern fanden auch Kinder die himmelschreiende Blödsinnigkeit des Slogans geradezu herzerfrischend lustig. Und: Die Nonsensdevise hatte Ohrwurmqualitäten. Wer sich einmal darauf einließ, kriegte ihn nicht mehr aus dem Kopf und wer sich gar zu eigenen Sprachkonstruktionen nach den Kentuckyregeln verleiten ließ, war für den herkömmlichen menschlichen Verstand verloren. Das Original im TV lieferte Beispiele zuhauf: »Dürfte ich Sie mal an die Bheke titten? Wollen Sie eine Weise gerinnen? Auf die Idschi Finseln? Oder nach Audi Sarabien?« An jedem Sonnabend warteten die Fans auf eine neue Folge von *RTL Samstag Nacht* mit spreuen Nüchen aus Kentucky, auch für den literarisch interessierten Menschen: »Möchten Sie ein Huch baben?« – »Klar, ich bin eine richtige Reselatte«. Das hatten die wirklich gefickt eingeschädelt.

»Ich muss mein Tamagotchi füttern!«

Diesen Satz konnte man Mitte der 90er-Jahre vielerorts hören, denn das digitale Haustier war ausgesprochen beliebt, weil es bei seinen Besitzern mütterliche und andere Pflegetriebe weckte. Seinen Namen verdankt das Tamagotchi den beiden japanischen Worten *tamago* (Ei) und *wotchi* (abgeleitet vom englischen *watch* für »Uhr«). Dabei handelte es sich aber keineswegs um eine Eieruhr, sondern um ein Plastikspielzeug an einer Kette, das man als Schlüsselanhänger benutzen konnte. Die Uhrzeit konnte man auch ablesen, aber das Wichtigste darin war ein aus ein paar Pixeln bestehendes Ding, das ein Küken darstellen sollte und das wie ein echtes Lebewesen versorgt werden musste – sonst ging das Schätzchen ein. Es war eines der großen Verbrechen jener Jahre, sein Tamagotchi vernachlässigt zu haben. Die Tamagotchi-Rituale hatten ihren festen Platz im Tagesablauf. Es musste gefüttert werden, seine umfangreichen Hinterlassenschaften wollten beseitigt und sein Beschäftigungsdrang befriedigt werden. Wenn dem Pixelmonster etwas fehlte, piepste es penetrant. War das arme Wesen krank, so musste man ihm eine Spritze verpassen. Wenn man alles richtig machte, gedieh es prächtig, wurde groß und stark. Wenn nicht, starb es einen virtuellen Tod – den man allerdings mit einem Reset-Knopf rückgängig machen konnte. Dann ging der ganze Wahnsinn von vorn los. Füttern, Notdurft entfernen, Unterhaltungsaktivitäten und so weiter – Friede seiner virtuellen Asche.

 »Heute Abend ist LAN-Party!«

Das war brandneu: Bei der privaten LAN-Party wurden mehrere Computer über das Local Area Network (LAN) verbunden. Aufgeregte junge Erwachsene richteten Hard- und Software für das abendliche Ereignis ein, und da waren noch die Kinder, die nicht dabei sein durften, denn die Spiele, die auf den Röhrenbildschirmen abliefen, waren alles andere als für Kleinkinder kompatibel. Man trank Unmengen Cola und Red Bull, kämpfte und mordete exzessiv im digitalen Raum, spielte *Doom*, *Duke Nukem 3D*, *War-*

craft II und *Command & Conquer* – schließlich handelte es sich meist um Ego-Shooter – und im Eifer des Gefechts warf der Nachwuchs doch so manchen Blick auf das ungeheuerliche Geschehen auf dem Bildschirm und bereitete so die eigene digitale Zukunft als Gamer vor …

 »Ich hab dir mal 'ne CD gebrannt!«

Während man früher den geliebten Menschen mit einem selbst gepflückten Blumenstrauß von der Wiese, später dann einer eigens zusammengestellten Musikkassette mit den neuesten Hits zu beschenken pflegte, wurde es mit der Einführung der CD-R zu Beginn der 90er-Jahre zunehmend zum Standard, seine Gefühle in Form einer Musikkompilation auf dem kreisrunden, in allen Regenbogenfarben schillernden Datenträger zu dokumentieren. Bald schon kamen auch beschreibbare CD-Rs auf den Markt, sodass man in der Lage war, seine Gefühle mit einem Gesamtkunstwerk zum Ausdruck zu bringen. Der oder die Beschenkten konnten sich dann die naiven Malereien und handschriftlichen Liebesgrüße auf dem Datenträger anschauen und nachher Celine Dion »My Heart Will Go On« oder Falco »Out Of The Dark« oder Madonna »Frozen« trällern lassen, so oft sie wollten. Manche dieser digitalen Liebesbriefe funktionieren noch heute, denn die beschreibbaren CDs sollen 25 bis 30 Jahre lang laufen. Einfach mal reinhören …

»Musst du schon wieder in die Röhre gucken?«

Obwohl im Jahr 2000 die Zukunft beginnen sollte, schaute man noch immer in die Röhre – in die Bildröhre eines Fernsehers nämlich. Vor dem Jahrtausendwechsel begleiteten noch voluminöse Röhrenfernseher die Kindheit, erst 2006 sollten erstmals mehr Flachbildfernseher als Röhrengeräte verkauft werden. Zumindest durften die Kinder dieser Jahre wenigstens vor einem farbigen Röhrenbild sitzen. Die zunehmende Skepsis gegenüber der Technik brachte die Mütter dazu, sich die größten Sorgen über die Strahlung der Braunschen Röhre zu machen, man vermutete, sie könne möglicherweise zu Schäden in der geistigen Entwicklung der Kinder führen. Deshalb musstest du wie auch die anderen Kinder immer einen entsprechenden Abstand vom Fernseher halten. Ob es genutzt hat, wirst du sicher selbst am besten wissen. Die gesendeten Inhalte hatte man bezüglich geistiger Schäden noch nicht in Verdacht. Sie waren zum Teil hochpädagogisch begründet, es gab noch die »Sesamstraße« und die »Sendung mit der Maus«. Bedenken gegenüber der Menge konsumierter Fernsehinhalte äußerten sich in dem Satz **»Schau nicht so viel Fernsehen, sonst bekommst du viereckige Augen!«** – Selbst Kleinkinder haben diesen Quatsch nicht geglaubt, nicht einmal entzündete Augen bekam man davon, und heute vor dem Großbildfernseher muss niemand mehr seine Augen strapazieren. Unter Strapazen leidet mehr das kindliche Gehirn: Mit der Zunahme der privaten Sender nahm die Qualität der Programme für Kinder deutlich ab: Klamauk und Schwachsinn waren und sind angesagt.

»Tinky-Winky, Dipsy, Laa-Laa und Po!«

Die *Teletubbies*! Wer sie als Kind gesehen hat, vergisst sie nie. Die 1999 erstmals in Deutschland ausgestrahlte Sendereihe spaltete die Nation oder genauer gesagt: deren pädagogisch engagierten Teil. Die einen behaupteten, dass die simple Babysprache, das Teletubbie-Deutsch, die Sprachentwicklung der Kinder stören würde (Abschiedsgruß »Winke-Winke!«) und im Gegensatz zum Beispiel zur Sesamstraße das Erlernen neuer Inhalte und Wörter unterdrücke. So aus der erwachsenen Distanz betrachtet, waren die Teletubbies schon ziemlich doof. Andere »Experten« behaupteten, die Sendung hole die Kleinkinder in genau der Erlebniswelt ab, in der ihre Wahrnehmungsvorlieben liegen, was zum Mitmachen anrege. Kennt man ja auch als Erwachsener, siehe Ballermann auf Mallorca. Immerhin: Spätere Untersuchungen ergaben, dass die Kleinkinder die Sprache der Teletubbies nicht mit ihrer eigenen vermischten, was aber angezweifelt werden kann. Wo sonst, könnte man verschwörerisch vermuten, haben Leichte Sprache und Kanak- oder Kiezdeutsch ihren Ursprung? Aber Spaß hat es eigentlich immer gemacht, die Teletubbies zu schauen.

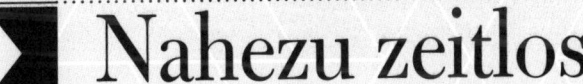Nahezu zeitlos

An einer »Geschichtsschreibung«, die den kindlichen Sprachgebrauch und elterliche verbale Nachrichten an ihren Nachwuchs dokumentiert, fehlt es leider. Das macht es schwierig, jeden Satz zeitlich genau einzuordnen. Die vorangegangenen typischen Sätze waren nicht immer eindeutig einem Jahr oder auch nur einem Jahrzehnt zuzuschreiben. Viele werden in unterschiedlicher Häufigkeit in den vergangenen Jahrzehnten gebraucht worden sein, manche allerdings haben einen deutlichen Zeitbezug, der den folgenden sprachlichen Meisterwerken fehlt. Sie stehen über der Zeit und sind einfach universell einsetzbar.

 »Trägt man das jetzt so?«

So manche massive Erziehungsmaßnahme begann mit diesem scheinbar harmlosen Satz. Hierbei handelt es sich um die abgeschwächte Variante von **»Zieh dir gefälligst was anderes an!«**, eine Formulierung, zu der Mutter immer dann griff, wenn das erste Mantra nicht wirkte. Während der Satz ausgesprochen wurde, musterte Mutter ihren Nachwuchs vom Scheitel bis zur Sohle. Wurden vonseiten der Jugend noch immer keine vertrauensbildenden Maßnahmen angeboten oder Verhandlungen über das eine oder andere Kleidungsstück eingeleitet, so musste das größte Kaliber zum Einsatz kommen: **»So gehst du mir nicht aus dem Haus!«** – Hier haben wir einen der häufigsten Muttisätze vor uns, für den es eigentlich keine zeitliche Festlegung gibt und den vor mehr als 3400 Jahren vermutlich schon Nofretete zu ihren Töchtern Meritaton und Maketaton gesagt hat. Die Kritikpunkte sind im Detail unterschiedlich, aber meist geht es darum, dass eine pubertierende Tochter für ihr Alter (14 bis 15 Jahre) viel zu sexy angezogen ist. Röcke, die man mit einem Gürtel verwechseln könnte, blanke Bauchnabel, Oberteile, deren Ausschnitte viel zu tief enden und deren untere Säume viel zu hoch aufhören. *Smoky Eyes* der absoluten Nahkampfklasse. High Heels der Sorte, die Opa immer Schlampenstiefel nennt. So kann das Kind doch nicht in die Schule! Also muss es sich umziehen, und Tatsache, es verlässt das Haus in züchtiger Kleidung. Was Mutter nicht weiß: Töchterchen Annika hat bei Freundin Selina ein Kleidungsdepot für Notfälle angelegt und verwandelt sich auf dem Weg zu den Stätten höherer Bildung mal schnell in … ja, was eigentlich? Ein Wesen, das zu Verkehrschaos auf der Hauptkreuzung sorgt, wenn allzu viele männliche Autofahrer unterwegs sind? Eine so beeindruckende Erscheinung, dass die Klassenlehrerin überlegt, ob nicht das Jugendamt eingeschaltet werden muss? Wohl kaum. Was ist denn eigentlich schlimm daran? Wenn man es genau betrachtet: dass die Mutter, die diesen Satz zu ihrer Tochter sagt, vor etwa 25 Jahren denselben Satz von ihrer Mutter gehört hat, aber nicht allzu viel daraus gelernt hat …

Und dann gibt es natürlich noch die mit Gesundheitsargumenten begründeten Bekleidungsrichtlinien: **»Bist du auch warm genug angezogen?«** oder **»Mensch Kind, du holst dir noch den Tod!«** Und das, obgleich in zahlreichen wissenschaftlichen Studien nachgewiesen ist, dass nicht die Temperaturen, sondern die jeweils anwesenden Erreger für die sogenannten Erkältungskrankheiten maßgeblich sind.

»Heb die Füße hoch, wenn du läufst!«

Das kennst du noch aus deiner eigenen Kindheit? Die extrem gelassene, unangestrengte Bewegung scheint besonders pubertierende Jugendliche zu faszinieren. Vielleicht gehört es aber auch zu einer Entwicklungsphase in dem Larvenstadium zwischen Kind und Erwachsenem, dass junge Menschen eine Zeit lang muskuläre Anstrengungen auf ein Minimum reduzieren. Was das Laufen betrifft: Manchmal schleppen sie sich so abgeschlafft durch ihr junges Leben wie eine Luftmatratze mit Mottenfraß, ein Faultier würde jeden Wettlauf gewinnen. Ein Fuß nach dem andern schlurft über den Boden und sowohl Vater als auch Mutter können sich nicht anders helfen, als den obigen Satz aus der Mottenkiste wirkungsloser elterlicher Erziehungsversuche durch Wiederholung in das jugendliche Gedächtnis einzubrennen. Und das, obwohl er quasi ohne nennenswerten Erfolg bleibt: Zwei oder drei Schritte erfolgen nun unter einem Anflug von Körperspannung, dann verfällt das jugendliche Subjekt wieder in den alten Zustand der motorischen Lethargie. Nächster Versuch? »**Jetzt aber zack, zack!**« – Manchmal sind es Eltern leid, zu bitten und zu betteln, um ihre Kinder zur Aktion zu bewegen, und sei es nur die halbwegs flüssige Fortbewegung. Wenn dieser paramilitärische Satz über die Lippen der Eltern kommt, dann weiß der Nachwuchs: Jetzt wird es ernst! Wenn wir jetzt nicht spuren, gibt es unangenehme Folgen. Glauben zumindest die Eltern.

Aber der Nachwuchs pfeift ihnen was. So einfach ist das. Aber immerhin: Das gute Kind nimmt etwas fürs Leben mit – eine Art Befehlsformel, die es später gegenüber seinen Kindern verwenden kann – mit demselben Erfolg.

»Möhren sind gut für die Augen! Schon mal ein Kaninchen mit Brille gesehen?«

Diesen Scherz kennt vermutlich jeder, und irgendwann war er sicher einmal lustig, nämlich beim ersten Mal, aber dann musstest du diesen Super-Mega-Knaller als Kind immer und immer wieder hören, zum Beispiel von deinem Onkel Emil, der dich auch immer mit **»Hallöchen Popöchen!«** begrüßte. Was blieb dir übrig, als gequält zu lachen? Schuld an dem ganzen Debakel ist das Vitamin A, das in Möhren stecken und über das Retinol beim guten Sehen helfen soll. Schon etwa 50 Gramm Möhren decken den Tagesbedarf eines Erwachsenen, ein überflüssiger Kaninchenwitz pro Tag allerdings zerstört die positive Wirkung aller im Körper vorhandenen Vitamine nachhaltig, könnte man meinen. Zum Glück ist eher unbekannt, dass Inhaltsstoffe aus der Möhre auch bei der Bildung der Sexualhormone Testosteron und Östrogen beteiligt sind, sonst wären die Möhrenwitze vermutlich nicht jugendfrei.

»Haben wir Säcke vor den Türen?«

Hä? Säcke? Wieso Säcke? Zum ersten Mal mit dieser Redewendung konfrontiert, zumeist auch noch übellaunig bis aggressiv ausgesprochen, fragt sich jedes Kind: Was will Vater oder Mutter mir eigentlich sagen? Ein einfaches »Könntest du bitte die Tür schließen?« würde den Kommunikationsverlauf vereinfachen, aber darum geht es in diesem Fall dem Erziehungsberechtigten wohl nicht.

Das Kind guckt ratlos bis irritiert oder Hilfe suchend im Zimmer herum, und das genau war die Absicht. *Ui*, denkt das arme Kind, ich muss etwas furchtbar falsch gemacht haben. Kartoffelsackpädagogik eben. Eine Variante nach demselben Muster: »**Wohnen wir etwa am Hang?**« Wieso eigentlich Hang? Die schwache Begründung: In einem schräg stehenden Haus würden die Türen von allein zufallen. Schon mal ein Haus mit schrägen Fußböden gesehen?

 »Du darfst alles essen, aber nicht alles wissen!«

Hierbei handelt es sich nicht um einen Satz aus der Kindheit, an den man sich gern erinnert, dokumentiert er doch in wenigen Worten die erwachsene Überheblichkeit. Eltern oder auch größere Geschwister hatten Geheimnisse vor den kleineren Kindern in der Familie, die sie nicht mit ihnen teilen wollten. Das hatte allerdings zur Folge, dass die lieben Kleinen alles daransetzten, hinter diese Geheimniskrämereien zu kommen. Meist handelte es sich dabei um Themen aus dem Bereich Sex, Drugs und Rock 'n' Roll. »Was ist hinter der Schranktür, die du immer abschließt?« Hochprozentiges vermutlich oder Papas *Playboy*-Sammlung. »Was steht in dem Buch, das du immer ganz hinten in deiner Schreibtischschublade versteckst?« Das Tagebuch der großen Schwester, ihre Gedanken über die große Liebe zu Thorsten aus der Parallelklasse. Das Ergebnis kindlicher Nachforschungen wäre also so manches, was man als jüngster Sprössling der Familie eigentlich gar nicht wissen will.

»Hier sieht es wieder aus wie bei Hempels unterm Sofa!« *oder auch* »Dein Zimmer sieht aus, als hätte eine Bombe eingeschlagen!«

Einen dieser Sätze oder ihrer Varianten hat vermutlich jeder in seiner Kindheit gehört, nämlich immer dann, wenn die Mutter eines der Kinderzimmer putzen wollte. Das war so einfach nicht, denn der Fußboden war mit getragenen Kleidungsstücken und Spielzeug übersät; es wäre einiges in den Staubsauger gewandert, das dorthin nicht gehörte, wenn Mutter einfach angefangen hätte. So musste die Unordnung erst einmal beseitigt werden, bevor die Sauberkeit den Sieg davontragen konnte. Auf dem Weg dahin gab es einige Möglichkeiten, die Kinder sprachlich zu motivieren – besonders diese wirkte: **»Wenn du dein Zimmer nicht aufräumst, hole ich einen Müllsack und schmeiße alles weg!«** Worauf wir Kinder mehr als ein Mal dachten: »Das macht sie nie, doch nicht unsere liebe Mutter!« Pustekuchen – sie tat es wirklich! Unwiederbringliche Comics verschwanden, Playmobil-Figuren fanden den Weg in die Tonne wie auch wissenschaftlich wichtige Steine, Stöcke und Nagetierskelette aus dem Wald – und wir Kinder wurden um eine wichtige Erkenntnis reicher: »Es ist alles andere als einfach, ein Kind zu sein.« Spätestens beim nächsten Mal räumten wir ohne zu murren auf, wenn die Putzkolonne anrückte. Und, oh Wunder! Oft kamen bei diesen Aufräum- und Reinigungsaktionen unersetzbare und hochgeschätzte kindliche Wertgegenstände wieder zum Vorschein, die seit Wochen verschwunden waren. Manchmal aber auch der tote Goldhamster …

»Wenn andere aus dem Fenster springen, springst du auch?«

Nein, besonders gut in der Kunst der Argumentation waren die Eltern vergangener Tage nicht, aber es ist fraglich, ob ihre modernen Nachfolger in dieser Hinsicht besser geworden sind. **»Aber die anderen Kinder dürfen doch auch alle ins Kino!«** Was sollen Vater oder Mutter dazu sagen, wenn nicht genug Geld in der Haushaltskasse ist? Häufig waren solche Sätze aus Elternmund auch nur der letzte Rettungsanker in einer schweren familiären Lage. Für unerwartete Sonderausgaben war da kein Platz, und so mussten kindliche Bedürfnisse hintanstehen. Hin und wieder galt es aber auch, allzu abenteuerlustige Kinder zu bremsen und vor Schaden zu bewahren.

 »Wein ruhig ein wenig, dann musst du weniger aufs Klo!«

Welcher sprachlich kreative Elternteil mag wohl auf diesen tröstenden Satz gekommen sein? Immerhin hat er bei manchem Kind funktioniert, denn wer über kuriose körperliche Zusammenhänge nachdenken muss, konzentriert sich nicht so sehr auf das Weinen und vergisst es möglicherweise vor lauter Ablenkung. In der Vorstellung des weinenden Kindes entsteht ein Schnittbild des menschlichen Körpers mit einem System von kommunizierenden Röhren, in denen eine leicht gelbliche Flüssigkeit zirkuliert, die sowohl aus den Augen als auch aus den dafür vorgesehenen Ausscheidungsorganen abgelassen werden kann. Transportiert wird besagter Saft von einer Pumpe mit Wechselventil, das zwei Markierungen hat: *pinkeln* oder *weinen*. Genial! Das Bild bekommt man nicht mehr aus dem Kopf, ein Leben lang.

»Wenn du Hunger hast, iss 'nen Apfel!«

Das Diabolische an diesem Satz ist: Er gilt für Kinder – und für Erwachsene! Wenn Kinder hungrig wie die Wölfe vom Spielplatz nach Hause kamen und das Abendessen noch in weiter Ferne lag – ungefähr 20 Minuten –, war nichts frustrierender als der Satz mit dem Apfel. Pommes mit Schlamm (eine köstliche Mischung aus Ketchup und Mayo), Currywürste, Spaghetti mit Tomatensoße hatten wir vor Augen – und dann sollte ein Apfel alles sein? Wie konnte so ein winziges Äpfelchen denn mit unserem riesigen Hunger fertigwerden? Zum Glück ging es dann ja doch etwas schneller und das Essen stand schon nach einer Viertelstunde auf dem Tisch: leckere Frikadellen, Pfannkuchen oder sogar Nudeln mit Gulasch. Ein Glück für uns Kinder.

Für den erwachsenen Adressaten – denken wir an einen etwas dicklichen Mann, er könnte Ähnlichkeit mit dem Autor haben – kann der Satz mit dem Apfel, herübergerufen aus der Küche etwa 20 Minuten vor dem Abendessen, Ausgangspunkt für eine Horrorvision sein: Cordon bleu, Schweinsbraten, Spaghetti Carbonara, eine amerikanische Riesenpizza hat der hungrige Mensch vor Augen – und dann soll ein Apfel alles sein? Wie kann so ein winziges Äpfelchen denn mit seinem riesigen Hunger fertigwerden? Dann, endlich, steht das Essen auf dem Tisch, den der Mann in seiner Verzweiflung schon gedeckt hat: Leckere Frikadellen? Pfannkuchen mit Käse und Speck? Gulasch mit Nudeln? Ein fetter Burger? Nein, es sind delikate Tofubrätlinge mit Karottenstiften an Grünkernschleim aus dem Thermomix. Vielleicht sollte man doch lieber selber kochen? Das mit dem Apfel war eigentlich keine schlechte Idee, so für den Übergang.

 »Wer nie sein Brot im Bette aß, der weiß auch nicht wie Krümel pieken.«

Ein Meisterwerk aus der Abteilung Familiärer Humor wie dieser Satz passt nur zu einer einzigen Gelegenheit – Familienfrühstück im Bett mit Kindern. Er muss mit Pathos und großer Geste vorgetragen werden, zum Beispiel von einem Vater im gestreiften Schlafanzug oder einer Mutter im geblümten Nachthemd. Dabei könnte Vater etwa wie Hamlet dem Publikum ein frisches Brötchen präsentieren oder Mutter ein Baguette als magisches Schwert führen. Das Publikum, also die Kinder, wird nach dieser Darbietung begeistert applaudieren, ähnliche Szenen mit Käsescheiben und Marmeladengläsern aufführen, auf jeden Fall aber mit noch größerem Vergnügen Krümel ins Bett streuen. Oder besser noch Schokostreusel.

 ## »Wie heißt das Zauberwort?«

Das einzige Zauberreich, in dem die Antwort auf diesen Satz überflüssig wäre, ist das elterliche Traumland, ein paradiesisches Kaiserreich voller braver Kinder und perfekter Anpassung. Das gesuchte Zauberwort, zu verwenden im alltäglichen Familienleben, heißt nämlich **»Bitte«**. Es dokumentiert zugleich Dressurerfolg und Unterordnung. »Die Hausaufgaben sind fertig. Darf ich jetzt nach draußen zum Spielen gehen?«, fragt freundlich das Kind und erhält als Antwort nicht etwa ein einfaches »Ja!«, sondern die Aufforderung zu weiterer Unterwürfigkeit. Erst wenn es seinen Satz um ein weiteres Wort erweitert – »Darf ich jetzt *bitte* nach draußen zum Spielen gehen?« – wird es aus dem elterlichen Gefängnis freigelassen. Manche Sätze der Kindheit und die erwartete Antwort würde man gern vergessen.

 ## »Das Leben ist kein Wunschkonzert.«

»Ich will aber nicht zum Ballettunterricht!« Der kleine Jan würde lieber Fußball spielen, aber seine Eltern sehen ihn nicht als neuen Ronaldo, sondern halten ihn für den Nachfolger von Mikhail Baryshnikov. Oder er soll zum Geigenunterricht und Nigel Kennedy vom Podest stoßen. Immer dann, wenn die Eltern besser wissen als die Kinder, was für diese gut ist, wird der Satz vom Wunschkonzert hervorgekramt und als dickes Pflaster über die kindlichen Befürchtungen, Bedenken und ihre Widerborstigkeit geklebt. Weitere Diskussion unerwünscht – so mancher, so manche hat diesen Satz gehasst. Auch die Variante nach dem Jahrtausendwechsel: **»Das Leben ist kein Ponyhof!«** hat nicht allzu viele Fans in der Zielgruppe.

 ## »Das also ist der Rest vom Schützenfest!«

Wenn Großmutter diesen Satz gebrauchte, war von irgendetwas nur noch wenig übrig geblieben: nur noch ein paar Knochen vom Ochsen am Spieß, dem Gänsebraten zu Hause oder ein kläglicher Rest von der Erdbeerbowle. Oder ein schnarchender Kumpel von Opa auf dem alten Sofa im Schrebergarten nach dem Sommerfest oder Bierkästen mit leeren Pfandflaschen, die noch zurückgebracht werden mussten. Somit erweist sich dieser Satz als ausgesprochen flexible Redewendung für Feste und Feierlichkeiten, brauchbar für jede Gelegenheit, besonders übrigens für Schützenfeste.

 ## »Immer der, der so dumm fragt!«

»Wer soll denn jetzt den Müll runterbringen?« Es konnte schon passieren, dass man auf so eine Frage genau diese Antwort erhielt. Eine bestimmte Sorte Erwachsene oder wer sich selbst für besonders erwachsen hielt – große Brüder oder Schwestern, Wildwestpädagogen – liebte diesen Satz und hatte auch noch etliche andere dieser Art im Repertoire. Ein weiterer aus dem Wortschatz des überheblichen Großmenschen lautete: »**Wer spricht denn von Kuchen, dass du Krümel dich meldest?**«, was auf herablassende Art ausdrückte, dass an dieser Stelle kindliche Einmischung unerwünscht war. Auch die Variante »**Wenn der Kuchen spricht, haben die Krümel Pause!**« war in Gebrauch. Ähnlich motiviert hieß es manchmal: »**Was willst du denn, du Furzknoten?**« oder betont seriös »**Kinder haben ruhig zu sein, wenn sich die Erwachsenen unterhalten wollen!**«.

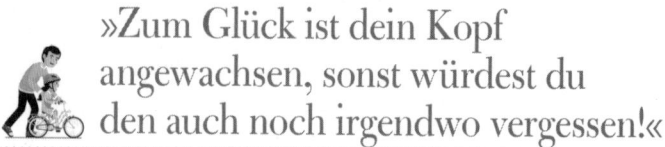

»Zum Glück ist dein Kopf angewachsen, sonst würdest du den auch noch irgendwo vergessen!«

Hier findet sich noch ein Beleg dafür, dass es in der Vergangenheit nicht immer einfach war, ein Kind zu sein. Würde jemand diesen Satz selbstironisch gebrauchen, hieße er also »zum Glück ist *mein* Kopf angewachsen …«, klänge das ja noch ganz sympathisch, aber als herablassender Kommentar zu einem lässlichen kindlichen Fehlverhalten muss man ihn schon ein schweres Geschütz nennen. Allenfalls im scherzhaften Ton ausgesprochen und mit einem Lächeln wäre er im Austausch zwischen Kind und Erwachsenem noch vertretbar. Überhaupt: Was mag geschehen sein? Vielleicht hat das Kind sein Schulbrot zu Hause vergessen oder einen Teil der Hausaufgaben. Hat es eine häusliche Arbeit nicht erledigt, die Katze nicht gefüttert? Ein angemessener Kommentar wäre »Das kann ja mal vorkommen«. Zumindest beim allerersten Mal. Heutige Kommentare allerdings fallen in den sozialen Randzonen frühkindlicher Bildung noch drastischer aus, etwa: **»Wie bescheuert kann man eigentlich sein?«** Aber letztlich meint auch der Satz aus der Vergangenheit nichts anderes.

 »Mieser Trittbrettfahrer!«

In vergangenen Tagen hatte nahezu jedes Auto Trittbretter als Einstiegshilfen unten an den Türen. Heute finden sich solche nur noch bei großen Geländewagen oder Pick-ups. Der Trittbrettfahrer allerdings, der hier angesprochen wird, fuhr nicht auf dem Trittbrett eines Automobils, sondern vermutlich auf dem einer Straßenbahn oder eines Eisenbahnwaggons mit – diese Trittbretter sucht man heute bei den aerodynamisch günstig geformten öffentlichen Verkehrsmitteln vergebens und auf etwas, das nicht existiert, kann man auch nicht mitfahren. Der Trittbrettfahrer vergangener Tage reiste illegalerweise halb drinnen, halb draußen kostenlos mit, nutzte also das Transportmittel zu seinem eigenen Vorteil und beging damit Beförderungserschleichung. Heute hat man sich auf das Schwarzfahren umgestellt und bevorzugt es warm und kuschelig im Wageninneren. Natürlich war bei der Beschimpfung oben das Trittbrettfahren im übertragenen Sinne gemeint, jemand nutzte eine günstige Gelegenheit für sich aus und profitierte von den Mühen anderer. Allerdings war dieses Verhalten meist Erwachsenensache.

 ## »Bis du verheiratet bist, ist das wieder verheilt!«

Dieser Satz hat schmerzstillende Wirkung und beruhigt Kinder, die eine Verletzung erlitten haben – glauben zumindest Väter und Mütter, die ihn aussprechen. Beruhigend wirkte vielleicht der tröstende Ton der elterlichen Stimme – die Aussicht auf einen jahre- oder gar jahrzehntelangen Heilungsprozess hingegen trug wenig zur Entspannung der Situation bei. Alternativen: **»Heile, heile Gänschen ...«** singen oder auf die Wunde pusten. Letzteres soll allerdings den Wundheilungsprozess nicht gerade fördern.

 ## »Ruf an, wenn du angekommen bist.«

Es dauert eine Weile, bis Kinder so erwachsen sind, dass sie sozusagen auf eigenes Risiko unterwegs sein können. Bis dahin reisen die Eltern immer mit, vermuten überall Gefahren und Unfallursachen und quälen sich so lange mit Befürchtungen und potenziellen Gefahrensituationen, bis alle angekommen sind: die real reisenden Kinder und die in ihren Vorstellungen sie begleitenden Eltern. Doch diese können ihre imaginäre Reise erst beenden, wenn der erlösende Anruf der Kinder nach dem Eintreffen am Ziel die Sorge um den Nachwuchs überflüssig macht. Deshalb: Nicht vergessen, bei Ankunft anrufen! Dabei ist es gleichgültig, ob die Kinder nur eine kurze Strecke bewältigen müssen, weil sie zwei oder drei Straßen weiter wohnen oder von Frankfurt nach Sydney in Australien reisen müssen. Um den Anruf kommen sie nicht herum.

 ## »Frag Papa!« *oder* »Frag Mama!«

Die Erziehung von Kindern hält im Laufe der Jahre einige Höhepunkte für die Eltern bereit, und einer der intensivsten davon ist der Punkt, an dem die Kinder Forderungen stellen und in Fragen um Erlaubnis bitten, welche die elterliche Sorge auf das Höchste strapazieren. »Darf ich mit Larissa am Wochenende zum Camping an den See gehen?«, fragt der Sechzehnjährige. Und Papa denkt: Ja, Camping nennt man das jetzt, ich will noch nicht Großvater werden, aber verbieten kann ich es ihm auch nicht, denn das wäre uncool, und ich will ja schließlich als ein moderner Vater gelten. Was für ein Dilemma! Der Ausweg wäre einfach: »Ja, geht klar. Ist die Luftmatratze noch in Ordnung? Hast du Kondome besorgt?« Aber Entscheidungsfreude ist das Ding mancher Eltern nicht, und so werden Schiedssprüche, die so oder so getroffen werden müssen, ganz wie im politischen Leben von der einen auf die andere Instanz verschoben – und mit der Entscheidung an sich auch die Verantwortlichkeiten. Wenn Mutter die Sache im Griff hat – Mütter haben heute fast alles im Griff –, wird sie dann das sagen, was Vater eigentlich hätte sagen müssen. Und vielleicht noch erzählen, wie sie damals als Siebzehnjährige mit den Pfadfindern im Urlaub war und Papa kennengelernt hat – ja, mit ihren 33 Jahren bringt sie noch viel Verständnis für die Jugend auf.

 ## »Man kann nicht alles haben.«

Kann man doch! Andere haben ja auch alles. Und wenn ich erst einmal groß bin, du wirst schon sehen, dann habe ich eine Farm in Texas mit ganz tollen eigenen Reitpferden und einem Riesenhaus, fahre BMW oder Ferrari oder beides, bin Prinzessin, Geheimagentin oder Superheld oder mache irgendwas mit Medien. Genau, ich geh zum Fernsehen! Und reich werde ich ohne richtige Arbeit, mit Arbeit kriegt man ja nichts geregelt, sagt Papa immer. Sein blöder Job kostet viel zu viel Zeit und hindert ihn bloß daran, richtig Geld zu verdienen, und wenn er könnte wie er wollte, dann würden wir schon sehen. Ich mache mein Geld an der Börse oder mit einem ganz tollen Clip bei YouTube. Erwachsenwerden ist ziemlich schwierig, wenn man acht oder elf Jahre alt ist und das Karriere-Navi noch nicht so richtig funktioniert.

 ## »Höchste Zeit, dass die Schule wieder losgeht!«

Ferien sind eine wunderbare Erfindung, besonders für die Familie. Viele Wochen lang laufen sich Kinder und Eltern nur hin und wieder über den Weg, weil nämlich die einen arbeiten und die anderen zur Schule gehen müssen. In den Ferien ist alles anders: Das Familienleben tobt 24 Stunden an sieben Tagen in der Woche. Und das wochenlang … mit der Folge, dass es den Kindern, die schlaff wie Faultiere auf Sessel und Sofas herumhängen und zu nichts zu gebrauchen sind – »Mir ist laaangweilig« –, an Beschäftigung fehlt.

Alle Computerspiele sind durchgezockt, *Netflix* inklusive Archiv ist konsumiert, es läuft Folge 2317 von *Two And A Half Men* oder *Big Bang Theory*, weil der Nachwuchs sogar zu faul zum Ausschalten ist. Im Haushalt helfen? Na ja, vielleicht mal die Spülmaschine ausräumen … zur Hälfte jedenfalls, der Rest wartet darauf, von einem Geschwisterkind erledigt zu werden, alles soll ja schließlich gerecht verteilt werden. Etwas für die Schule tun? Ganz falsche Idee: »Wie kommst du denn darauf? Wir haben doch Ferien!« Und dann endlich, der große Tag, die Sommerferien sind vorbei und das nervige Pack ist endlich wieder ein paar Stunden aus dem Haus. Und das Seltsame: Sie gehen sogar gern.

 ## »Schau mich an, wenn ich mit dir rede!«

Gespieltes Desinteresse und die Ohren auf Durchzug – so etwas kann die Eltern eines Jugendlichen auf 180 bringen. Der Wunsch, dass jedes ermahnende Wort gehört wird, verlangt nach einem Aufmerksamkeitsbeweis. Wer seinem Gegenüber in die Augen schaut, muss zwangsläufig wahrnehmen, was dieses sagt. Allerdings provoziert diese Situation Auge in Auge auch Aggressionen, und nicht immer hilft eine erzwungene Konfrontation weiter. Auch heute suchen Kinder in so einer unangenehmen Lage nach einem Ausweg und strafen ihre Eltern bei Gardinenpredigten mit Ignoranz. Da hilft auch der Satz aus der Vergangenheit nicht mehr weiter. Heute lautet er: **»Leg das Handy weg, wenn ich mit dir rede!«**

»Wer schön sein will, muss leiden.«

Was soll das denn bedeuten, fragt sich jedes Kind, denn Kinder machen sich über ihre Schönheit keine großen Gedanken. Erst wenn Augenbrauen gezupft und Aknepickel ausgedrückt werden müssen, kommt Sinn in den Satz: Ach, so war das gemeint … Aber auch dann ist es nur eine erste schwache Ahnung davon, was das Erwachsenenleben noch bringen wird: ermüdendes Training für einen makellosen Körper, Verzicht auf gutes Essen und stattdessen geschmacklich fragwürdige Diäten oder sogar kosmetische Operationen … Mutter, du hast uns ja gewarnt. Aber damals haben wir einfach noch nicht begriffen, was gemeint war.

»Solange du deine Füße unter meinen Tisch stellst …«

»… wird getan, was ich sage!« Dieser Satz ist das eindeutige Zeichen dafür, dass die Rangkämpfe in der Familie zwischen pubertärer Jugend und der bisher unangefochten herrschenden Familienführung begonnen haben. Da wagt es doch tatsächlich jemand, die absolute Macht der Eltern anzuzweifeln – eine herbe Erfahrung für Väter, deren niedliche kleine Tochter plötzlich zur Kratzbürste wird, wie auch für Mütter, die ihren erstaunlich begabten Sohn plötzlich in der Rolle des Widerstandskämpfers und Revolutionär sehen. Einer Verständigung oder einem Ausgleich zwischen den Parteien ist der obige Satz nicht gerade förderlich, erstickt er doch jeden Dialog quasi im Keim und dokumentiert zugleich, dass den

Eltern die Argumente ausgegangen sind und vermutlich in der strittigen Angelegenheit der Nachwuchs so ganz falsch nicht liegt. Besonders beunruhigend ist diese Situation aber nicht – sie zeigt nur an, dass ein natürlicher Vorgang seinen Anfang genommen hat: Der Nachwuchs verlässt so langsam das Nest …

 # »Früher war alles besser!«

Ein typischer Opa- oder Oma-Satz, meist begleitet von einem tiefen Seufzer, den fast jeder als Kind einmal zu hören bekommen hat und vielleicht auch noch heute zu hören bekommt. Alles war billiger und die Eheleute waren sich treu bis in den Tod. Die argumentative Verteidigung der jungen Generation geht meist in die folgende Richtung: »Ja, früher ist man auch an einer Blinddarmentzündung gestorben!« – und schießt damit deutlich über das Ziel hinaus. So weit »früher« war nicht gemeint, es muss ja nicht gleich das frühe Mittelalter oder die Jungsteinzeit sein. Nostalgie vergoldet die Erinnerung und lässt die Vergangenheit in einem rosigen Licht erscheinen. Im Sommer war das Gras einfach grüner und zu Weihnachten gab es noch richtigen Schnee – immer! Eine tiefergehende Diskussion erwarten Oma und Opa nicht, sie sind schon zufrieden mit der folgenden Antwort: **»Ja, ja, Opa!«** oder **»Ganz bestimmt, Oma!«**

»Gib mal das Taschentuch, du hast da was im Gesicht!«

So machen Mütter das: Kind vor sich positionieren, Taschentuch raus, mit der Zunge leicht anlecken oder mit gespitzten Lippen ein bisschen draufspucken, den Schmutz reibend abwischen. Zum Schluss noch einmal mit der Hand ordnend über die Haare fahren und vielleicht noch ein mütterliches Küsschen obendrauf. Millionen Mal praktiziert, wird dieses Ritual zwischen Mutter und Kind keineswegs als unangenehm oder unhygienisch empfunden – bis zum Alter von etwa elf oder zwölf Jahren, spätestens jedoch mit dem Einsetzen pubertärer Strömungen. Danach ist nichts mehr mit problemloser Reinigung durch Spucke, denn in dieser Entwicklungsphase sorgen mächtige Hormone im Körper des Nachwuchses für die turbulente Entfaltung einer eigenen Persönlichkeit, und deshalb ist Mutter mit ihrem Taschentuch von nun an nur noch peinlich …

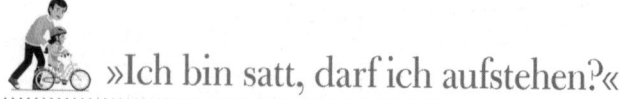

»Ich bin satt, darf ich aufstehen?«

So ganz genau ist auch diese Äußerung nicht in ihrer Zeit festzulegen, aber sie stammt eher aus dem einen oder anderen Jahrzehnt der weiteren Vergangenheit als aus den letzten Jahren nach der Jahrtausendwende. Im Durchschnittshaushalt geht es heute oft drunter und drüber, die elterlichen Restriktionen bei den Mahlzeiten, auf die diese kindliche Frage hindeutet, dürften nur noch in einem Bruchteil aller Haushalte Wirklichkeit sein. Da wird auf den Stühlen herumgehampelt, mit dem Essen gespielt, mit vollem

Mund gesprochen. Müde Kinder legen sich auch schon mal lang über den Esstisch. Relativ ruhig bleibt der Nachwuchs nur sitzen, wenn noch ein sensationeller Nachtisch zu erwarten ist. Oder sieht das bei deiner Familie anders aus?

So ganz doof, würde man heute sagen, ist ein geregeltes Verhalten bei Tisch nicht, zuvor abgesprochene Tischmanieren schaffen Ordnung und ermöglichen eine gewisse Übersicht. Das gemeinsame Essen beginnt mit dem Startsignal **»Guten Appetit!«** und die Mahlzeit nimmt dann einen ruhigen Ablauf. Das gestattet im Nebeneffekt auch konzentrierte und aufeinander bezogene Tischgespräche – die Mahlzeiten sind genau die Ereignisse, an denen Familien miteinander über ihre Alltäglichkeiten und Probleme reden können, wobei der Standardsatz **»Na, was war denn heute in der Schule los?«** nicht gerade Freude auslöst. Wenn jeder bei Tisch kommt und geht, wie er möchte, muss schon eine gewisse Sensibilität für den sozialen Zusammenhalt bestehen, damit jeder von sich aus die Bedürfnisse der anderen berücksichtigt. Sonst wird sich schnell das eine oder andere Familienmitglied beschweren: **»Hier geht es ja zu wie in der Bahnhofsgaststätte!«**

»Jetzt ist aber mal Ruhe im Kabuff!«

Was in der Gesamtaussage gemeint war, war schon klar, aber oft zerbrachen sich die Kinder den Kopf darüber, was denn eigentlich ein Kabuff sein sollte. Auch die Erwachsenen, welche den klanglich starken Satz mit der puffenden Explosion am Ende benutzten, wussten oft nicht, dass dieses Wort ein kleines, dunkles Zimmer bezeichnet und von Sprachwissenschaftlern aus dem Mittelniederdeutschen hergeleitet wird. Der zum Männlichkeitswahn neigende Vater vergangener Jahrzehnte machte irgendwann aus dem Kabuff einen Puff, was weniger jugendfrei, aber immer noch wirkungsvoll war. In der richtigen Tonlage und Intensität ausgesprochen, war anschließend tatsächlich **Ruhe im Puff** – wenigstens für eine Weile.

»Kinder, wie die Zeit vergeht!«

Diesen bei Verwandtschaftstreffen beliebten Satz haben Kinder über Jahrzehnte immer wieder gehört, und meistens waren es ältliche Tanten oder der bereits leicht angetüterte Onkel, denen er über die sentimentalen Lippen kam. Die damit verbundene Erkenntnis entstand durch überraschende Veränderungen beim Zusammentreffen nach Jahren oder Jahrzehnten. Herrje, wie dick war doch Onkel Josef geworden, da konnte man schon von der Last der Jahre sprechen. Mancher hatte plötzlich graue Haare. Und alle Kinder in der Verwandtschaft waren gewachsen, zu Jugendlichen oder selbst zu Erwachsenen geworden – Kinder, wie die Zeit vergeht! Den Kindern selbst war dieser Kommentar des Zeitgeschehens recht, denn er verhinderte die andere Variante, die meist mit Küsschen und Tätscheleien verbunden war: **»Mensch, bist du groß geworden!«**

»Kommst du mit in den Schrebergarten?«

Was dem Leipziger Arzt und Hochschullehrer Daniel Gottlob Moritz Schreber (1808–1861) zugeschrieben wird – der Schrebergarten – wurde in Wirklichkeit nicht von ihm, sondern von seinem Zeitgenossen, dem Schuldirektor Ernst Innozenz Hauschild (1808–1866) erfunden und zu Ehren Schrebers nach diesem benannt. Kindern ist das egal: Bis zu einem gewissen Alter folgten sie der elterlichen Aufforderung gern, denn im Schrebergarten konnte man – in gewissen Grenzen – herumtoben und spielen oder sich von Erwachsenen mit Limonade oder Süßigkeiten verwöhnen lassen, wenn diese sich im meist angeschlossenen Gastraum mit Alkohol versorgten. Mit beginnender Pubertät ließ die Begeisterung nach, und lange Zeit galten Schrebergärten als rückständig und spießig. Nachdem die Kinder und Jugendlichen vergangener Jahrzehnte selbst zu Erwachsenen geworden sind, schlug die Ablehnung wieder in Sympathie um: Bis heute sind Schrebergärten als Erholungsort und Quelle für Obst und Gemüse sehr beliebt.

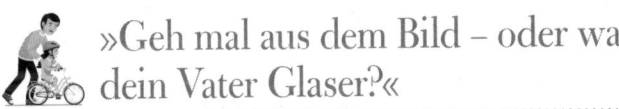 ## »Geh mal aus dem Bild – oder war dein Vater Glaser?«

Ha, ha, wie witzig! Da verdeckt jemand die freie Aussicht auf irgendetwas und schon kommt immer derselbe doofe Satz. Schon als Kind zerbricht man sich den Kopf darüber: Sind die Kinder von Menschen, die den Beruf des Glasers ausüben, etwa durchsichtig?

Gibt es überhaupt durchsichtige Menschen? Sind dann möglicherweise auch die Kinder von Konditoren süß? Ein anderer Satz mit
ähnlichem Informationsgehalt, der aber vor allem eines leisten soll:
dem Kind die eigene Dummheit unter die Nase reiben: **»Links
ist da, wo der Daumen rechts ist!«** – Wieder die überheblichen
Erwachsenen, hahaha, das doofe Kind weiß nicht, wo links und
rechts ist, und da lassen wir es doch erst mal ein bisschen zappeln
und feiern die erwachsene Überlegenheit mit diesem ausgeleierten
Spruch. Nicht? Ach so, ihr seid moderne Eltern? Dann lautet die
aktuelle Version des Spruches oben, wenn sich das Kind in der
Richtung irrt: **»Das andere Links!«**

»Komm sofort da runter!«

Jungtiere hüpfen und springen wild umher, junge Menschen toben
und erfreuen sich ihres gut funktionierenden Körpers, an dem sie
noch nicht die Last der Jahre – oder Kalorien – zu tragen haben. Ihr
gutes Leistungsgewicht macht es ihnen deshalb leicht, jedweden
Gegenstand zu erklimmen, meist Bäume oder Dächer, was Kinder
auch ausgiebig tun, wenn man – sprich: die Eltern – sie lässt. Man
lässt sie aber nicht, jedenfalls nicht, wenn die Eltern dabei zuschau-
en müssen. Denen flattert, salopp gesagt, bei den atemberaubenden
Darbietungen ihrer Söhne und Töchter die Muffe. Worüber man
sich als Elternteil aber völlig im Klaren sein muss: Ohne die Beob-
achtung durch ihre Erziehungsberechtigten klettern Kinder natürlich auch. Kinder müssen klettern, und in den allermeisten Fällen
passiert nichts. Wobei allerdings über eine mögliche Unfallursache

nachzudenken wäre – wenn nämlich ein kletterndes Kind seine Sicherheit verliert, weil unten am Fuß des Baumes eine hysterische Mutter herumkeift oder ein nervlich überforderter Vater ganze Kaskaden widersprüchlicher Befehle und Warnungen von sich gibt: **»Weiter links ... Nein, nicht auf diesen Ast! Der ist doch viel zu dünn!«** War er nicht, er hat glänzend gehalten. **»Pass auf, komm besser zurück! Oder warte, ich ruf die Feuerwehr ...«** Übrigens: Wer sich den ganzen Stress ersparen will, der schickt seine Kinder gleich in die Kletterhalle.

 # »Nicht den Sand essen, Sand ist bah!«

Da schleppen die Eltern ihre Kleinkinder auf den Spielplatz und setzen sie in den Sandkasten, und dann wundern sie sich, wenn die Sprösslinge ihre Umwelt auf die ihnen eigene Art erkunden wollen: mit dem Mund und durch schmecken. Sie haben nämlich ihre orale Phase noch nicht abgeschlossen und man fragt sich, warum es die Eltern verstört, wenn ihre Kinder mal Sand probieren wollen. Eigentlich sollten Eltern wissen, dass a) Kinder in diesem Alter alles in den Mund stecken und b) man einen durchschnittlichen Sandkasten auf einem öffentlichen Spielplatz in den vergangenen Jahrzehnten auch Hundeklo nennen konnte. Oft saßen Kleinkinder und die mitgebrachten Familienhunde im gleichen Sand. **»Guck mal, Mama, was macht der Wauwau da?«** Ältere Kinder und die übrige anwesende Elternschaft grinsten und lachten sich innerlich krank.

 # »Ihhh, Spinat!«

Dieser Satz aus Kindermund war in früheren Jahrzehnten wohl häufiger zu hören als heute, denn seit einiger Zeit macht ein Kohl der Blattpflanze Konkurrenz. Heute lautet die Parole eher **»Ihhh, Brokkoli!«** oder auch **»Ihh, Chicorée!«**, wenn mal wieder zu viel Gemüse auf dem Speiseplan steht und zu wenig Pizza oder Hamburger. Gebracht hat die Äußerung wenig, es sei denn, die Erziehungsberechtigten griffen zu einer äußerst wirkungsvollen Maßnahme: **»Pudding gibt es erst nach dem Spinat!«** Die Auswahl an Lebensmitteln, welche Kleinkinder ablehnen können, ist heute deutlich größer geworden, denn auch Tofu, Zucchini, Süßkartoffeln und Pastinaken treffen nicht unbedingt den kindlichen Geschmack.

 »Wenn du nicht sofort damit aufhörst, gehen wir auf der Stelle nach Hause!«

So lautet ein weiteres Dokument des Wenn-Dann-Machtkampfes zwischen Eltern und Kindern, der in der Vergangenheit stattfand und noch immer allgegenwärtig ist. »Wenn du nicht sofort dein Zimmer aufräumst, dann …« Ja, was dann? Eine logische Folge des kindlichen Handelns beziehungsweise Nicht-Handelns wäre die Fortführung: »… kann ich leider deinen Fußboden nicht putzen!« Zumeist sind die Zusammenhänge aber weniger transparent: »… gibt es heute für dich keinen Schokoladenpudding als Nachtisch!« Hä, fragt sich das Kind, was hat denn der Pudding mit der

Unordnung in meinem Zimmer zu tun? Dann begreift es: Ach so, das ist wohl Erpressung! Vielleicht beginnt es zu argumentieren – meist ein aussichtsloses Unterfangen gegen Eltern im Reinigungsmodus ... Oder es wird immer bockiger, weil es kein angemessenes Reaktionsschema hat:

»Wenn du nicht aufhörst, dein Spielzeug aus der Sandkiste zu werfen, nehme ich es dir weg!« – *Na und? Dann werfe ich eben mit etwas anderem, zum Beispiel Sand.*

»Wenn du dich jetzt nicht beeilst, dann gehe ich ohne dich los!« – *Wer's glaubt? Tust du ja doch nicht. Ich lass dich noch eine Weile zappeln.*

»Wenn du weiter bockig bist, gehe ich nie wieder mit dir zum Ballettunterricht!« – *Was für ein Segen! Das wäre einfach wunderbar!*

 ## »Man zeigt nicht mit dem nackten Finger auf angezogene Leute!«

Noch so ein Benimmspruch, den man erst einmal verdauen muss. Wieso ist mein Finger nackt, wenn ich auf bekleidete Leute zeige? War er jemals nicht nackt? Muss ich mich schämen, weil mein Finger nackt ist? Gibt es kleine Mäntelchen für Zeigefinger? Und warum schützt die Bekleidung die Menschen vor meinem – nackten – Zeigefinger? Dürfte ich mit dem nackten Finger auf nackte Leute zeigen? Wie bringe ich die Leute dazu, ihre Kleidung abzulegen, wenn ich mit dem Finger auf sie zeigen will? Wäre es da nicht sinnvoller, wenn man statt einer Floskel eine verständliche Erklärung abgeben würde, zum Beispiel »Menschen fühlen sich unbehaglich und beobachtet, wenn man auf sie zeigt«?

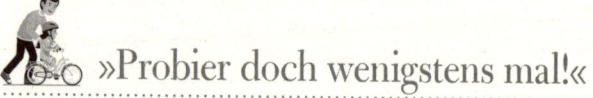

»Probier doch wenigstens mal!«

Da hat Mutter (oder im Sinn der Emanzipation: Vater) Stunde um Stunde in der Küche gearbeitet, die leckersten Zutaten miteinander verquickt, ausgefeilte Zubereitungsformen praktiziert und dann das: Der Nachwuchs will die mit Ziegenkäse gefüllten Paprika an Estragonsoße einfach nicht essen, und auch die Aufnahme von Rosenkohl, Spargel, Feldsalat, Sauerkraut, Rote Bete und Leberwurst wird konsequent verweigert. Einige Kinder haben gegen bestimmte Nahrungsmittel einfach eine Abneigung – manchmal begründet, weil das ein oder andere Lebensmittel im Kindermund einfach anders, meist viel bitterer schmeckt, manchmal auch ohne ersichtliche Ursache. Oder weil das Zeug auf dem Teller einfach alles andere als appetitlich aussieht. Dann hilft auch kein Flehen, denn sollte das Kind der Bitte tatsächlich nachkommen und mal probieren, steht das Ergebnis meistens schon vorher fest: **»Igitt, das schmeckt ja furchtbar!«** Der kochende Mensch ist um eine Portion mehr frustriert. Kann die Erziehungswissenschaft helfen? Wildwestpädagogen raten dazu, insbesondere jüngere Kinder mit Nahrungsmitteln experimentieren zu lassen, sie spielerisch zu erkunden. Kinder sollten ihr Essen in die Hand nehmen, es ablecken, sich gegenseitig zuwerfen, damit spielen dürfen. Fliegende Paprika zum Beispiel, gefüllt mit Ziegenkäse, sollen die Lust der Kinder steigern, etwas ganz Neues auszuprobieren. Keine besonders guten Aussichten für den geregelten Haushalt. Ein weiterer Weg führt über das erwachsene Vorbild. Wenn Vater oder Mutter vor den Augen der Kinder ganz und gar neue Lebensmittel probieren, könnte es sein, dass dieses Verhalten die Kinder zur Nachahmung motiviert. Besonders effektiv wäre es nach dieser Denkweise zum Beispiel, wenn Vater beim familiären Mittagstisch eine mit Erdbeermarmelade gefüllte Seegurke verzehrt. Hmpf …

Andererseits: Es sollen schon athletische junge Menschen von 1,90 Meter Körpergröße herangewachsen sein, die sich ausschließlich von Wabbeltoast und Tiefkühlpizza ernährt haben. Was für Übermenschen wären aus ihnen geworden, hätten sie auch noch gesunde Nahrungsmittel konsumiert?

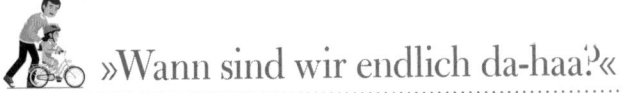 »Wann sind wir endlich da-haa?«

Einer der beiden Sprüche, aus dem Mund der Kinder im Fond, welche die akustische Wahrnehmung des modernen Familienvaters und Autofahrers und der Wagenlenkerin mit Kindern unserer Tage dominieren, neben: **»Sie haben Ihr Ziel erreicht!«**, gesprochen vom Navigationsprogramm. Zwar sind sie angeschnallt wie Kunden im Sado-Maso-Klub, doch können sie immer noch reden, und das tun sie ausgiebig. Die Frage »Wann sind wir da-haa?« erfreut alle Erwachsenen im Wagen bei Kilometer 1,2 – 5,6 – 7,1 – 8,2 und im

weiteren Verlauf der Fahrt etwa alle 800 Meter. Auf längeren Stre-
cken überlegen Eltern, ob neben dem Fesseln am Kindersitz nicht
auch Knebeln eine angemessene Maßnahme wäre. Andere Gegen-
maßnahmen? Kindermusik verstößt gegen die Genfer Konvention,
Kinderhörspiele verursachen bei Erwachsenen Magenkrämpfe,
weil sie ein und dieselbe Geschichte vor dem Einschlafen schon
etwa 1224 Mal gehört haben. Hinzu kommt die Ohrwurmgefahr:
Klebrige Melodien und unsägliche Reime wird man bis zum Zielort
nicht wieder los. Vielleicht auch dort nicht. Einziger Trost: Die Kinder werden irgendwann erwachsen – wann sind wir endlich da-haa?

»Spring von Sofa zu Sofa, der Boden ist Lava!«

Regentage können ganz schön langweilig sein, Abhilfe schafft für
Kinder nur körperliche Aktivität in Innenräumen. Da versteht sich
von selbst, dass zum gepflegten Toben eine verwüstete Wohnung
gehört. Irgendwann kommen alle Kinder auf die Idee mit dem
Lavasee. Wer den Fußboden betritt, stirbt eines qualvollen Todes
als menschliches Brathähnchen oder verbrennt sich zumindest die
Füße. Deshalb springt man von der Anrichte auf den Stuhl am Esstisch, von dort aus über den Tisch weiter über die Blumenbank zum
Fenster, von wo aus es nur einen Katzensprung bis zum Regal mit
den Knabbersachen für den Fernsehabend ist, die aber bei einer
derart anstrengenden Tätigkeit augenblicklich als Proviant dienen
müssen. Erdnusswürmchen, Schweinekrusten und Kartoffelchips
fliegen von hier oben besonders gut und erreichen auch den echten

Perserteppich am anderen Ende des Raumes, den Opa unbedingt in die Einrichtung integrieren wollte. Weiter geht es mit einem gewagten Satz auf das Skateboard mit feuerfesten Asbeststreifen, das bis in die Küche vor dem Kühlschrank rollt, wo Limonade und Coca-Cola nachgetankt werden können, was aber leider nicht ohne gewisse Tropfverluste vor sich geht. Die Arbeitsplatte in der Küche erweist sich als gute Basis für weitere Unternehmungen, doch ausgerechnet jetzt kommt Mutter vom Großeinkauf nach Hause und hat offenbar keine Probleme mit dem Fußboden aus Lava, aber mit der von den Kindern geschaffenen Gesamtinstallation in der Wohnung. Der Nachwuchs rettet sich mit einem artistischen Hopser aus dem Küchenfenster …

 ## »Siehst du, hab ich doch gesagt.«

Ja, ja, die Erwachsenen haben immer recht. Wenn etwas schiefgeht, ist dieser Satz das Letzte, was man als Kind hören möchte, auch wenn das Kind bereits das stolze Alter von 35 Jahren erreicht hat und sich nicht beim Skaten ohne Schutzausrüstung blutige Knie geholt, sondern zehntausende Euro bei einer gewagten Aktientransaktion verzockt hat. Nein, ausgerechnet dann müssen Eltern nachbohren und Salz in die Wunde reiben, wollen immer und immer wieder sinngemäß hören: »Ja, ihr hattet recht, ihr seid so unheimlich weise und erfahren, in so einen Schlamassel wärt ihr niemals geraten!« Wie sympathisch wäre dann der Satz **»Oha, so ähnlich ist mir das auch schon mal passiert!«** Wie war das noch damals, die Sache mit den Telekom-Aktien?

Worte reisen in die Zukunft

Welche Spuren du in der Zeit hinterlassen wirst, kannst du heute nicht mit letzter Sicherheit sagen. Vieles, was du für wichtig hältst, wird in Vergessenheit geraten, anderes für lange Zeit Bestand haben. Du musst aber nicht unbedingt Bücher schreiben, um in kommenden Jahrzehnten gegenwärtig zu sein, und es werden auch keine Standbilder deiner Person sein, welche die Nachwelt beeindrucken. Was du tust und denkst, wie du deinen Alltag mit deinen Mitmenschen gestaltest, findet Niederschlag in den Worten und Sätzen, die du aussprichst. Wie schon deine Vorfahren wirst auch du Standards und Stereotypen prägen, bestimmte Formulierungen immer wieder verwenden. Einer dieser neuen Sätze für deine und die Zukunft deiner Kinder könnte sein:

»Jetzt leg doch mal das Handy weg!«

208 Seiten
6,99 € (D) | 7,20 € (A)
ISBN 978-3-86883-865-7

Norbert Golluch

Endlich nicht mehr nur Bahnhof verstehen, sondern wissen, wo der Hase im Pfeffer liegt

Das Redewendungen-
Erklärungsbuch

Was hat die Gardinenpredigt mit Stoffbahnen vor dem Fenster zu tun? Warum tritt man ins Fettnäpfchen? Welcher Hase liegt in welchem Pfeffer? Warum legt man etwas auf die hohe Kante? Wieso geht einem der Arsch auf Grundeis? Und warum hat man einen Frosch im Hals? Woher kommen die unzähligen plastischen Redewendungen und geflügelten Wörter, die wir ganz automatisch benutzen, welche Bedeutung haben diese teils sehr alten Aussprüche? Norbert Golluch nimmt sich über 300 populäre Redewendungen vom Mittelalter bis zur Moderne vor und liefert nicht nur Erklärungen für jeden Ausspruch, sondern zeigt auch noch auf humorvolle Weise die Entstehung der Sprichwörter auf. Von Cäsars Überschreitung des Rubikons bis zur Feuertaufe der frühen Märtyrer ist alles dabei. Ab jetzt kann Ihnen niemand mehr ein X für ein U vormachen!